Richard Bindel

Die Erkenntnistheorie Hugos von St. Viktor

Ein Beitrag zur Geschichte der Theologie des zwölten Jahrhunderts

Richard Bindel

Die Erkenntnistheorie Hugos von St. Viktor
Ein Beitrag zur Geschichte der Theologie des zwölften Jahrhunderts

ISBN/EAN: 9783743397781

Hergestellt in Europa, USA, Kanada, Australien, Japan

Cover: Foto ©Lupo / pixelio.de

Manufactured and distributed by brebook publishing software (www.brebook.com)

Richard Bindel

Die Erkenntnistheorie Hugos von St. Viktor

Die Erkenntnistheorie Hugos von St. Viktor.

Ein Beitrag zur Geschichte der Theologie des zwölften Jahrhunderts.[1])

Von

Richard Bindel, Oberlehrer.

Hugo von St. Viktor ist eine jener innerlichen Naturen, deren **äußeres Leben** kurz und arm an Bewegung und That ist, die aber desto reichere Früchte des Geistes und Herzens zeitigen. Begabt mit klarem Verstand, tiefem Gemüt und lebendiger Phantasie, widmete sich Hugo (geb. 1097) früh schon den Uebungen klösterlicher Frömmigkeit und ernsten wissenschaftlichen Studien. Als Novize dem Kloster Hammersleben angehörend, siedelte er nach einer Reise — auf der er vornehmlich Flandern, seine Heimat [?] berührte — 1115 in das von Wilhelm von Champeaux, dem Gegner Abälards, gegründete Kloster von St. Viktor bei Paris über und blieb dort bis an sein Lebensende (1141). Neben dem trefflichen Gilduin, dem Abte der regulären Canoniter des h. Augustinus von St. Viktor, übte besonders der damalige Leiter der weithin bekannten Klosterschule, der Prior Thomas, einen vorteilhaften Einfluß auf den eifrig strebenden Jüngling aus. Erst Gehülfe des Thomas und nach dessen Tode sein Nachfolger im Amt[2]), hatte Hugo eine Reihe von Jahren hindurch Gelegenheit, seinen außergewöhnlich ernsten Hang zur Wissenschaft, der ihn zu wahrhaft encyclopädischer Gelehrsamkeit führte, durch Wort und Schrift zu bethätigen.

Diese rastlose Arbeit brachte den von Jugend auf schwächlichen Mann lange vor der Zeit in das Grab; aber seine zahlreichen Werke haben ihm eine **bedeutsame Stellung in der Theologie des 12. Jahrhunderts** gesichert. Denn trotz aller Mängel offenbart sich in ihnen eine solche Fülle reicher und tiefer Gedanken, daß man sich gern der Ansicht des französischen Kritikers Oudin (1722) zuneigen möchte, der meint, daß „Hugo Victorinus velut os domini" sein würde, wenn bei Veranstaltung einer neuen Ausgabe seiner Werke „iudicio recto pretiosum a vili" geschieden würde. Seine Zeitgenossen, die ihn, damaliger Sitte folgend, durch bedeutsame Ehrennamen auszeichneten, nannten ihn mit Vorliebe „alter Augustinus" oder „lingua Augustini"

---

[1]) Für die nachfolgende Darstellung sind benutzt worden außer den kirchengeschichtlichen Handbüchern von Hagenbach, Hase und Neander sowie Ueberwegs Grundriß der Geschichte der Philosophie folgende Werke bezw. Abhandlungen: vor allem A. Liebner, H. v. St. V., Leipzig 1832; ferner: Werner, der Entwickelungsgang der mittelalterl. Psychologie von Alkuin bis Albertus Magnus (Denkschr. d. Kais. Ak. d. Wiss. z. Wien, 1876); Kaulich, Geschichte der Scholastik. 1. Bd., Prag 1863; Kaulich, Ueber die Lehren des Hugo und Richard v. St. Viktor (Abhandlungen der Böhmischen Gesellschaft der Wissenschaften für 1863, 1864, Prag 1865); Erdmann, Die Entwickelung der Scholastik (Zeitschr. f. wiss. Theologie, Jahrg. VIII, Heft 2, Halle 1865, S. 113—171); Heinroth, Geschichte und Kritik des Mysticismus, Leipzig 1830; Prantl, Geschichte der Logik im Abendlande, Leipzig 1861, 2. Bd.; Neander, Der h. Bernhard, Hamburg 1848.

[2]) oder Abt, vgl. Kaulich, Hugo v. St. V., S. 4.

— 4 —

und ein heutiger Theologe bezeichnet ihn als den „Johannes" seiner Zeit. Beides sagt imgrunde dasselbe. Denn die Vergleichung mit dem großen Kirchenvater des Abendlandes will nicht nur hinweisen auf die Lauterkeit und Geradheit seiner Gesinnung, sondern vornehmlich auf die ihm eigentümliche Einheit des Denkens und Fühlens, die der in Einseitigkeiten befangenen mittelalterlichen Theologie mit ihrer zersplitternden Dialectik auf der einen Seite und der überspannten Mystik auf der anderen völlig abging. Und stellt man ihn neben den „Jünger, den Jesus lieb hatte", so will man ihn damit bezeichnen als einen Mann von tiefster religiöser Erfahrung, der bei aller Schärfe des spekulativen Denkens doch das religiöse Leben bis in die geheimsten Tiefen verfolgt, die es im menschlichen Gemüte hat. Bei Hugo findet sich das Gemüt- und Lebensvolle der Mystik in inniger Verbindung mit der scharfen Spekulation der Scholastik. Zwar ist er als Kind seiner Zeit in der Denkweise seines Zeitalters gefangen und wandelt in den Bahnen der Scholastik, die die christlichen Wahrheiten mit dem Verstande begreifen und als wahr erweisen will; aber er verfällt nicht in ihre unerquickliche Disputiersucht, er spielt nicht nach ihrer Art mit Begriffen, die für das religiöse Gefühl ohne jeden Wert sind, und zieht dem alles begreifen wollenden Verstand engere Grenzen. Andererseits aber behütet ihn sein Drang nach Erkenntnis meist vor den phantastischen und überschwenglichen Gemütserregungen der Mystik, die, den Gebrauch der Sinne verachtend, durch plötzlichen Aufschwung des Herzens Gott zu schauen begehrte und vermeinte.

Indes tritt dies sein tiefinnerstes Wesen bei ihm nie ganz rein und nach allen Beziehungen hin in vollendeter Gestalt heraus. Was ihn das Einseitige jener Richtungen empfinden, wenn auch nicht immer vermeiden ließ, war sein richtiges religiöses Gefühl, nicht aber eine klare Einsicht in die Kräfte und Bedürfnisse des menschlichen Geistes. Eine auf durchgreifenden Prinzipien beruhende **Erkenntnistheorie** mangelt, wie seinem ganzen Zeitalter, so auch ihm: nichtsdestoweniger sind Hugos Anschauungen über das menschliche Erkenntnisvermögen trotz ihrer zahlreichen Mängel gleich fesselnd für den Psychologen wie den Theologen — und das um so mehr, als der Denker des 12. Jahrhunderts in manchen Stücken der heutigen Ansicht nahe kommt.

Um indes zu einer gerechten Würdigung seiner Erkenntnistheorie zu gelangen, muß man vorerst einen Blick werfen auf den **Standpunkt der Wissenschaft seines Zeitalters im allgemeinen und der psychologischen Forschung insbesondere.**

Die in der Scholastik erblühende geistige Kraft der germanischen Völker hatte ausschließlich die aus früheren Jahrhunderten überlieferte christlich-theologische Bildung als Beschäftigungsstoff überkommen; einer eigenen wissenschaftlichen Bildung, wie sie die alten klassischen Völker besaßen, entbehrte sie völlig und die Schätze der alten Bildung blieben ihr fast ganz verschlossen oder wurden ihr doch nur in dürftigen Vermittelungen bekannt. Was Wunder, daß die Wissenschaft einen ausschließlich theologischen Charakter annahm, zumal fast alle Bildner und Gebildeten dem geistlichen Stande angehörten? Alle Wissenschaft galt der Scholastik nur in ihrer Beziehung zur Theologie; keine fand Pflege um ihrer selbst willen, sondern nur, insoweit sie der christlich-theologischen Bildung zur Stütze diente. Wohl gab es etliche Theologen, die die Philosophie, die Litteratur und die weltlichen Wissenschaften des Altertums schätzten; aber riesengroß war diesen wenigen gegenüber die Anzahl derer, die heidnische Philosophie und Wissenschaft als an sich verderblich betrachteten, sie als die Quelle aller Verirrungen bezeichneten und mit Wut über ihre Beschützer herfielen. — In diesen gewöhnlichen Schreiern, die desto mehr gegen die Wissenschaft zetern, je weniger sie sie kennen, gehört Hugo nicht. Obwohl er hier und da gegen die heidnischen Philosophen schilt und sie an einer Stelle gar „Verworfene" nennt, ist er doch gut bewandert in Cicero, Horaz, Vergil u. a., hat, was an sonstigen Wissenschaften aus den dürftigen Ueberlieferungen des Altertums vorhanden war, völlig in seiner Gewalt und gesteht heidnischer Philosophie sogar zu, daß sie „eine gewisse Wahrheit" lehre, wenn sie auch nicht an die Wahrheit reiche. Nichtsdestoweniger war und blieb ihm die Theologie Hauptzweck und alles andere galt ihm als Mittel zum Zweck. „Omnes artes liberales", sagt er, „divinae scientiae famulantur: et inferior sapientia, recte ordinata, ad superiorem conducit", oder an anderer Stelle, von der Theologie redend: „huic scientiae septem liberales artes subserviunt."[3]

---

[3] Diese Unterordnung aller weltlichen Wissenschaften unter die Theologie bestimmt er noch näher dahin, daß dieselben insbesondere der Schrifterklärung dienen sollen und zwar Grammatik, Rhetorik und Dialectik zur Auffindung des historischen, Arithmetik, Musik, Geometrie, Astronomie und Physik zur Auffindung des allegorischen und tropologischen Sinnes der Schrift. Weiteres über seine Schrifterklärung s. Anm. 18.

Diese Einseitigkeit scholastischer Wissenschaft aber bringt es fast von selbst schon mit sich, daß alle psychologischen Erörterungen sich auf dem Grunde des biblisch-kirchlichen Bekenntnisses und Glaubens erheben. In dieser Beziehung schließt sich die mittelalterliche Wissenschaft ganz an die religiöse Anthropologie Augustins an. — Bei Hugo macht sich dies christliche Moment bereits geltend bei der Feststellung des obersten Prinzips seiner Wissenschaftslehre. Indem er die „Philosophie" erklärt als „die Liebe zur Weisheit", faßt er diese (die Weisheit) nicht als die Summe aller dem Menschen möglichen Erkenntnisse, sondern als göttliche Weisheit, vor der seit Ewigkeit alles Denken und Erkennen ausgebreitet liegt. Er bezeichnet es daher als Aufgabe des Menschen, den göttlichen Denkprozeß nachzudenken; da hierzu aber die menschliche Kraft nicht ausreicht, so ist es ihr unmöglich, die volle Wahrheit zu erreichen; was sie erreicht, ist nur die Wahrscheinlichkeit, gleichsam nur ein Abbild der Wahrheit.

Andererseits aber ist die Wissenschaft hinsichtlich der Erörterung psychologischer Fragen abhängig von Autoritäten, verzichtet durchweg auf Selbstthätigkeit und nimmt dahin gehörige Sätze als längst entschieden von angesehenen Gewährsmännern ohne jeden weiteren Beweis an. Vornehmlich stützte man sich auf den überall herrschenden Augustin, in dessen Zeitalter man zu einer selbständigen Erörterung psychologischer Probleme noch nicht gekommen war; daneben auch auf solche, die, auf seinem Grunde aufbauend, eine bequeme, leicht überschaubare Zusammenstellung der überlieferten Begriffe darboten. Der erste bescheidene Ansatz zu Bemühungen, die landläufigen Ansichten hinsichtlich des Erkenntnisvermögens des Menschen zu einer rationalen Lehrdisziplin auszugestalten, beginnt bei Alkuin († 804) und wird von seinem Schüler Hrabanus Maurus († 857) fortgesetzt. Von da ab unterblieb die Abfassung von Darstellungen der Seelenlehre durch länger als zwei Jahrhunderte ganz und gar; erst mit Beginn des 12. Jahrhunderts ist man so weit vorgerückt, daß man auch schon etwas selbständig und eingehender die Seelenlehre im ganzen oder in einzelnen Teilen behandelte. Diese Bemühungen finden ihren Abschluß erst um die Mitte des 13. Jahrhunderts durch Alexander von Hales († 1245) und Albertus Magnus († 1280) welche die bis dahin größtenteils lose behandelten Fragen und Themen der Seelenkunde in das Bett einer methodisch geregelten Untersuchung leiten und den Gesamtinhalt der rationalen Psychologie in streng umrissenen Formen zum vollständigen Ueberblick bringen. Diesen beiden haben in der ersten Hälfte des 12. Jahrhunderts vornehmlich drei Männer vorgearbeitet, Wilhelm von St. Thierry,[1]) Isaak von Stella[2]) und Hugo von St. Viktor. Von diesen dreien aber ist der Viktoriner der, der den psychologischen Fragen am eifrigsten nachgeht und sie am selbständigsten erledigt — selbstverständlich, ohne sich zu einer systematisch geordneten Untersuchung zu erheben. Seine Erörterungen sind gelegentliche und daher durch alle seine Werke zerstreut; nur an einer Stelle seines dogmatischen Hauptwerkes „de sacramentis"[3]) christianao fidei" handelt er in einem besonderen Abschnitt zusammenhängend „de cognitione dei."

An diese allgemeinen Erörterungen, die den Stand der psychologischen Wissenschaft der ersten Periode der Scholastik im ganzen und des Viktoriners insbesondere in das rechte Licht zu setzen bestimmt sind, reiht sich naturgemäß die ins einzelne gehende Darstellung und Beleuchtung der Ansichten Hugos über das Denkvermögen und zwar zunächst, soweit sie **die natürliche Erkenntnis des Menschen** betreffen.

Die rationalen Grundlagen für alle psychologischen Erörterungen bildeten von jeher die ontologischen Unterschiede zwischen Gott, Seele und Körper. So baut auch Hugo auf diesen drei Begriffen auf und sagt: „Im Anfang gab es drei Dinge: Körper, Geist und Gott. Der Körper war die Welt und der Geist die (menschliche) Seele. Die Seele stand also gleichsam in der Mitte und hatte außer sich die Welt und in sich Gott. Ein dreifaches Auge besaß sie: das Auge des Fleisches (oculus carnis, das sinnliche Auge), mit dem sie die Dinge außer sich d. h. die Welt und was in derselben war, schaute; sodann das Auge der Vernunft (oculus rationis), mit dem sie sich selbst und was in ihr war, erkannte; das dritte aber ist das Auge der Anschauung

---

[1]) Wilhelm, erst Abt von St. Thierry, später Mönch im Cistercienserkloster Signy, trat von blindem Eifer getrieben, als erster Ankläger gegen Abälard auf und übersandte an den Bischof Gottfried von Chartres und den Abt Bernhard von Clairvaux eine heftige Streitschrift, die das Häretische einer Reihe von Sätzen Abälards nachweisen sollte (um 1139).

[2]) Isaak, ein geborener Engländer, kam 1147 nach Frankreich und wurde Abt des Cistercienserklosters Stella (l'Etoile) im Kirchensprengel von Poitiers.

[3]) d. h. über die heiligen Lehren d. chr. Gl.

(oculus contemplationis), das Gott und was in ihm war, erblickte. Alles, was die Seele an Erkenntnis durch diese drei Augen gewann, war vollkommen; insbesondere auch die des dritten Auges, insofern es Gott als einen Gegenwärtigen schaute." — Aber diese drei Augen sind durch den Sündenfall in erheblicher Weise beeinflußt worden. „So lange die Seele sie geöffnet und unverdorben hatte, sah sie klar und unterschied richtig. Nachdem aber die Finsternis der Sünde in sie eingedrungen ist, ist das Auge der Anschauung gänzlich vertilgt worden, so daß es nichts sieht; das Auge der Vernunft aber ist triefend geworden, so daß es nur noch mangelhaft sieht; nur das Auge des Fleisches verblieb in seiner vollen Klarheit. Weil also der Mensch dies noch hat, so kann er die Welt sehen und was in der Welt ist. Weil er aber das Auge der Vernunft nur zum Teil noch hat, so sieht er auch nur zum Teil noch die Seele und was in der Seele ist: Gott und was in Gott ist, vermag er gar nicht mehr zu erschauen, da er das Auge der Anschauung nicht mehr hat."

Vorab fällt hierbei ins Auge, daß der Denker des 12. Jahrhunderts in Uebereinstimmung mit vielen Philosophen der Neuzeit ein dreifaches Bewußtsein statuiert, insofern er die Seele entweder die Dinge außer ihr oder das eigene Selbst oder den höchsten Grund alles Seins zum Inhalt ihres Wissens nehmen läßt, und dem Menschen Weltbewußtsein, Selbstbewußtsein und Gottesbewußtsein zuschreibt. Demgemäß bezeichnet das sinnliche Auge (oculus carnis) nach unserm Sprachgebrauch das Wahrnehmungsvermögen der menschlichen Seele, zufolge dessen sie durch die Sinnesorgane die außer ihr bestehenden Dinge in das Bewußtsein aufnimmt, d. h. das auffassende Denken, das uns unmittelbare Erkenntnis giebt. Die Seite der Denkkraft aber, welche in die chaotische Masse der Vorstellungen Einheit, Ordnung und Zusammenhang bringt und die Aufgabe hat, das Wesen der Dinge, den ursächlichen Zusammenhang und die Notwendigkeit derselben aufzufinden — oder, kurz gesagt, das spekulative oder rationale Erkennen nennt Hugo „oculus rationis". Dabei ist „ratio" teils als „Verstand", teils als „Vernunft" zu fassen, die ja beide in Wirklichkeit immer mit einander in Thätigkeit sind und nie für sich allein in Wirksamkeit treten können. Was wir aber als „Vernunft" im engern Sinne bezeichnen d. h. das Vermögen des Menschengeistes, Gott in sich zu „vernehmen", liegt nicht in dem Begriff „ratio". Ebensowenig aber ist dies unter dem „oculus contemplationis" zu verstehen. Zunächst ist es verkehrt, „contemplatio", wie es Hagenbach thut, als „fromme Betrachtung" zu fassen; vielmehr ist contemplatio nach Hugos Meinung eine „Anschauung Gottes", die er ausdrücklich bezeichnet „als eine in ihrer Art vollkommene, durch eine wahre Erleuchtung von Gott verliehene Erkenntnis der höheren Wahrheit". Diese Bestimmung legt es nahe, diese „Anschauung Gottes" im Stande der Gottebenbildlichkeit (status integritatis) dem „Schauen Gottes" in der einstigen Vollendung gleichzustellen. Indes wird eine derartige mißverständliche Auffassung des Begriffes dadurch unmöglich gemacht, daß Hugo weiterhin darüber bemerkt: „Die Vernunft begriff vor der Sünde leichter und vollkommener das, was sie jetzt nur mit großer Schwierigkeit, unvollkommen und nur von ferne ersinnt". Es ist also nur ein höheres Maß von Erkenntnis, das die Seele durch ihr „oculus contemplationis" erwarb, also immer nur ein Stückwerk, wenn auch sich dem Vollkommenen mehr nähernd. Von einem „Gottesbewußtsein" im heutigen Sinne kann bei Hugo also nur in beschränktem Maße geredet werden.

Indes, diese vollkommene Erkenntnis der drei Augen des Menschen geht durch den Sündenfall fast ganz verloren. Zunächst ist das, was das Auge der Anschauung einst besaß, durch die Uebertretung des Gebotes Gottes unwiderbringlich dahingegangen. „Das innere Licht der Wahrheit ist zur Strafe für die stolze Vermessenheit des Menschen getilgt worden und es vermag Gott und die göttlichen Dinge nicht mehr zu schauen." In diesem Punkte giebt Hugo die Ansicht Augustins wieder, der die völlige Verderbtheit des menschlichen Geschlechts durch den Sündenfall Adams lehrte, nicht nur in dem Sinn, daß es alle Prärogative des göttlichen Ebenbildes verlor, sondern auch zur Erkenntnis Gottes völlig unfähig war. Aber er geht in der Auffassung der Folgen des Abfalls von Gott noch einen Schritt weiter und beschränkt auch den Gesichtskreis des „geistigen Auges" (oculus rationis), von dem vorhin schon gesagt wurde, daß es durch den widergöttlichen Frevel „triefend" geworden sei und nur „mangelhaft" sehe. Geht man seinen Andeutungen in dieser Richtung weiter nach, so ergiebt sich, daß er der natürlichen Erkenntnis des Menschen das gestaltende Denken d. h. das Erkennen aus Gründen und nach Ideen völlig abspricht. „Nur das leibliche Auge", meint er, „ist in voller Klarheit verblieben. Daher kommt es, daß die Meinungen der Menschen (corda hominum)[1] leichter unter sich übereinstimmen in den Dingen, die sie

---

[1] Dieser Ausdruck erklärt sich daraus, daß nach der Meinung der Alten das cor als der Sitz des Verstandes galt. Daher redet Hugo an anderer Stelle von einem intellectus cordis de iis quae extra sunt.

mit dem leiblichen Auge sehen, als in denen, die sie mit der Schärfe des Verstandes (mens) und dem Sinne der Vernunft (ratio) erfassen. Sie weichen in ihrem Urteil nicht von einander ab, da sie beim (leiblichen) Sehen nicht in Dunkel gehüllt sind". Wohl aber ist dies der Fall bei dem geistigen Sehen. Denn die ratio des sündigen Menschen vermag nach Hugos Meinung die Gegenstände sinnlicher Wahrnehmung nur ihrer Form nach sich zum klaren Bewußtsein zu bringen, sie kann nur bis zu einem Wissen von ihnen vordringen. Unmöglich aber ist ihr ein geistiges Ergreifen der realen Wirklichkeit; sobald es sich um die Erfassung „der innern Qualität" der Dinge, um die allgemeinen Begriffe oder Ideen, die Hugo im Anschluß an Aristoteles von Ewigkeit her bestehen läßt, handelt, bedarf der natürliche Mensch der göttlichen Erleuchtung, deren Vermittler der Logos ist.

Völlig hülflos aber ist der Mensch in der **Erkenntnis des Uebernatürlichen** und diesem Gegenstande wendet sich die Abhandlung nunmehr ausschließlich zu.

Da das Auge der Anschauung Gottes (oculus contemplationis) durch den Sündenfall ganz und gar getilgt und die Erkenntnis Gottes völlig unmöglich war, so mußte der Ewige, wollte er anders nicht ganz unbekannt bleiben, sich dem geistigen Auge (oculus rationis) zu erkennen geben.*) Diese Offenbarung aber bezeichnet Hugo als eine zwiefache, die die geistige Finsternis des Menschen teils innerlich durch Inspiration erleuchtet, teils äußerlich durch Unterricht — und Bestätigung desselben durch Wunder — belehrt hat. Die Propheten aber, die die göttliche Gnade inspirierte und deren Unterricht sie durch Zeichen und Wunder bestätigte, sind die h. Organe der Offenbarung und die Kirche, als die alleinige und rechtmäßige Bewahrerin und Auslegerin ihrer Schriften, allein im Besitz aller Wahrheit. Da demnach **die göttliche Offenbarung die einzige Quelle der Erkenntnis** ist, so bildet der Glaube die eigentliche Grundlage menschlichen Erkennens. „Fides igitur est, per quam radicat sapientia", sagt Hugo und meint damit die „fides, quae creditur", das Objekt des Glaubens, die Offenbarung. Indes auch wenn man die fides subjektiv faßt als die „fides qua creditur", als das Verhältnis des Subjektes zur Offenbarung, so giebt der Satz die Anschauung Hugos doch vollkommen richtig wieder: denn für ihn ist **der Glaube an die Offenbarung die erste Stufe der Erkenntnis.**

Diese bündige Darlegung erfordert eine umfassende Erörterung der beiden grundlegenden Begriffe Glaube und Offenbarung.

Was zunächst den ersten Punkt betrifft, so ist für Hugo der **Glaube** nichts anderes als das unbedingte Fürwahrhalten, das bedingungslose Anerkennen der Kirchenlehre. In dieser Hinsicht wurde die ganze abendländische Kirche beherrscht von Augustin, in dem durch das rastlose, oft enttäuschte Suchen nach Wahrheit die Idee von der Kirche als alleiniger Quelle aller Wahrheit und alles Heils allmählich herrschend wurde, so daß es ihm als erforderlich galt, nicht nur Christus zum Haupt zu haben und in der Lehre von ihm mit der h. Schrift übereinzustimmen, sondern vor allem „der Einheit der Kirchenlehre" sich anzuschließen, wenn man zum Heile gelangen wolle. Dieser Grundirrtum ging mit dem Christentum in die germanische Welt über und fand in Anselm, dem Vater der Scholastik, der die Augustinsche Anschauung zuerst in die mittelalterliche Theologie überleitete, einen unbedingten Verteidiger. „Ob das wahr sei" — sagt er — „was die allgemeine Kirche mit dem Herzen glaubt und mit dem Munde bekennt, darf kein Christ in Frage stellen; sondern zweifellos daran festhaltend, diesen Glauben liebend und nach demselben lebend, forsche er in Demut nach dem Grunde seiner Wahrheit; kann er es zu einer Einsicht in denselben bringen, so danke er Gott; kann er es nicht, so renne er nicht dagegen an, sondern beuge sein Haupt und bete an; denn eher wird die menschliche Weisheit an diesem Felsen sich selbst einrennen, als den Felsen umrennen." — In demselben Sinne äußert sich Hugo, indem er sagt: „Wenn etwas durch die klare Autorität der göttlichen Schriften d. h. derjenigen, die in der Kirche als kanonisch bezeichnet werden, bestätigt wird, so muß das ohne allen Zweifel geglaubt werden. Andern Zeugen oder Zeugnissen, denen einige Leute Glaubwürdigkeit zusprechen, magst du Glauben beimessen oder nicht, je nachdem du ihre Gewichtigkeit oder Nichtigkeit für den Glauben erwogen hast." Durch diese Worte könnte Hugo fast die Meinung erwecken, als spräche er nur von der h. Schrift und bewahrte sich den Kirchenvätern gegenüber sein freies Urteil. Allein es ist zu bedenken, daß er einem Zeitalter angehört, das eine Freimütigkeit, die die Autorität der Kirchenväter in Frage stellt, noch gar nicht erwarten läßt; außerdem aber erklärt er ausdrücklich: „Das Neue Testament zerfällt in

---

*) Der Erweis der Notwendigkeit der Offenbarung aus der christlichen Offenbarung selbst galt, obgleich er eine petitio principii in sich schließt, der mittelalterlichen Theologie für völlig ausreichend.

drei Klassen von Schriften; die erste enthält die Evangelien, die zweite die apostolischen Briefe, die Apokalypse und die Apostelgeschichte, die dritte die Dekretalen oder Kanones und die Schriften der h. und gelehrten Väter, des Hieronymus, Augustinus, Gregorius, Ambrosius, Isidorius, Origines, Beda und vieler anderer Rechtgläubiger, deren so unendlich viele sind, daß man sie kaum zählen kann. . . . Und durch einen wunderbaren Plan des göttlichen Waltens ist es geschehen, daß in jeder einzelnen dieser Schriften die volle und ganze Wahrheit enthalten und doch keine derselben überflüssig ist."⁹)

So ist Hugo vollständig in den Fesseln der Traditionsautorität gefangen und noch weit entfernt von dem protestantischen Gedanken, daß die christliche Religion auf die persönliche Freiheit ihrer Gläubigen angelegt ist und daß demgemäß auch die Offenbarung Gottes diesem Zweck entsprechen muß und durch keine außer ihr liegende Autorität gebunden sein kann. Hugos dürftige Auffassung des Glaubens aber, der im wesentlichen nur in der bedingungslosen Annahme der Kirchenlehre besteht, bringt notwendig auch eine Verkennung des Wesens der **Offenbarung** mit sich. Denn bei seiner Anschauungsweise vom Glauben steht die Offenbarung dem gläubigen Subjekt als ein Etwas gegenüber, das ihm mit seinem Inhalt innerlich und äußerlich fremd ist; Offenbarung und Glaube haben dabei keinerlei Berührungspunkt oder sind doch rein äußerlich und gleichsam mechanisch an einander geschlossen; der Glaube ist ein rein historischer und das Heil wird einzig und allein in einer äußeren Offenbarung gesucht. Und doch besteht ein **inniger Zusammenhang zwischen Glaube und Offenbarung**: beide sind Wechselbegriffe, die ein und dasselbe, nämlich das Verhältnis des Menschen zu Gott (die Religion), bezeichnen nach den beiden Seiten, die dasselbe der denkenden Betrachtung darbietet. Denn die Religion ist ein Wechselprozeß, ein Ineinanderwirken des göttlichen und menschlichen Geistes. Die gnadenreiche Herablassung, die Bewegung Gottes zum Menschen hin, seine Offenbarung an uns auf der einen Seite — und auf der andern die vertrauensvolle Erhebung und Bewegung des Menschen zu Gott hin, der Glaube — machen das Wesen der Religion aus. Gott ist der Urheber dieses Verhältnisses; seine Offenbarung an die Menschen ist das erste und diese seine unmittelbare Berührung mit ihnen vollzieht sich im Gewissen. Sofern aber der einzelne dieser Kundgebung im Gemüt und Gewissen Raum giebt und „die Gottheit in den eigenen Willen" aufnimmt, entsteht der Glaube, der die Ergänzung der Offenbarung zur Einheit der Religion ist.

Hugo — erkannte zwar weder diese ursprüngliche Kundgebung Gottes im Menschengeist, noch auch den daraus hervorgehenden Glauben, der unmittelbar da ist und nur durch Reflexion im Gemüte aufgewiesen zu werden braucht: allein es fehlt ihm — und seinen Zeitgenossen — doch nicht an einer richtigen Ahnung von dem Wesen beider Begriffe. Wenn die eine Partei der Theologen — und auf ihrer Seite stand Hugo — dem Augustinschen Grundsatz „fides praecedit intellectum"¹⁰) sich anschloß, so ging sie dabei vielleicht von der richtigen Empfindung aus, daß der Glaube und das Gefühl das Unmittelbare und Ursprüngliche sei, der Begriff und die verstandesmäßige Einsicht dagegen nur das Mittelbare und Abgeleitete. Forderte aber die andere Partei erst das „intelligere" und dann das „credere", so läßt sich darin vielleicht eine Hindeutung auf den Gedanken einer Offenbarung Gottes im Menschengeist finden. Am deutlichsten weist darauf hin Abälard, der vielgehaßte Führer der zweiten Partei. Er behauptet von dem sinnlich Sichtbaren, daß es das Behikel sei, wodurch Gott das, was Gegenstand des Glaubens ist, dem Geiste offenbart; vor allem aber betrachtet er die Vernunft als ein göttliches Geschenk, als einen Ausfluß des göttlichen Logos und ist der Ansicht, daß sie als solche Quelle und Norm für eine — wenn auch nur unvollkommene — Erkenntnis der Wahrheit enthalte. In dieser Anschauung liegt, wenn auch noch unentwickelt und unklar, ein reicher Gedanke enthalten: der nämlich, daß die innere Vernunftoffenbarung das Ursprüngliche ist und jede äußere Offenbarung — sei es in den Gesetzen und

---

⁹) Uebrigens ist es bei Hugo nicht hierarchisches Interesse, das ihn zum starren Festhalten an der Autorität bewegt; es geht ihm, wie der größten Mehrzahl der Menschen, für deren Natur es Bedürfnis ist, in religiösen Dingen eine sichere Wahrheit zu haben, und deren gläubiges Bewußtsein sich daher ganz und gar an das einmal Gegebene hält. Hugo empfand zwar in seinem nach Selbständigkeit ringenden Geiste oft genug die erdrückende Last der Kirchensatzung, aber er folgte der Autorität, teils, weil ein Versuch, sich auf eigene Füße zu stellen, den Boden, auf dem er bisher stand, wankend machte, teils, weil er die Natur des menschlichen Geistes und seine Kräfte noch nicht kannte.

¹⁰) Denselben Gedanken drückt Augustin auch in der Form: „credimus, ut cognoscamus, non cognoscimus, ut credamus" aus. Genau so sagt Hugo, während Anselm dem Gedanken die bekannte Fassung „neque enim quaero intelligere, ut credam, sed credo, ut intelligam" giebt.

Werken der natürlichen Schöpfung, sei es in den Ordnungen der sittlichen Welt, sei es in der Geschichte der Völker und den Lebensschicksalen des einzelnen — nur Anregungs- und Bildungsmittel der inneren ursprünglichen Anlage ist, so daß alle äußere Offenbarung nur in ihrer klar erkannten Uebereinstimmung mit dem ursprünglichen, reinen Vernunftleben in die Ueberzeugung aufgenommen werden kann. — Hugo rechnet sich zwar zu den Gegnern Abälards, indes nähert er sich in manchen Punkten der Anschauung desselben, namentlich auch hinsichtlich des Wesens der Offenbarung. Mit richtigem Gefühl erhebt er sich über den engbegrenzten Standpunkt der rein positiven Partei, die die Offenbarung ausschließlich in den Kirchenglauben setzte, und verweist den, der weiteren Aufschluß über Gottes Wesen haben will, auf die Außendinge, auf die Werke der Schöpfung und Regierung: aus dieser Quelle haben nach seiner Meinung die heidnischen Philosophen einige Kenntnis von Gott gewinnen können, aber — fügt er hinzu — „sie scheinen zu dieser Kenntnis nicht gekommen zu sein ohne die unterstützende Gnade". Seine tiefe Naturanschauung ruft in ihm das Gefühl der Ahnung des Unendlichen im Endlichen wach; ihm wird durch das Geschaffene der Geist „angeregt, gereizt und erinnert", an Gott zu glauben; ihm ist die ganze Welt „ein mit dem Finger Gottes geschriebenes Buch" und in der Schönheit des vergänglich Geschaffenen erscheint ihm „jene höchste ewige, wunderbare und unaussprechliche Schönheit". Endlich redet er — freilich nur an einer Stelle — von einem „der Vernunft innewohnenden Licht der Wahrheit" und meint: „Das natürliche Gute im Menschen konnte durch die Sünde wohl verderbt, aber nicht völlig ausgelöscht werden: denn noch lebt im Geiste des Menschen ein gewisser Funke der natürlichen Vernunft". Hier war nur noch ein Schritt zur Vollendung des Ganzen, aber auch der wichtigste und schwerste; Hugo stand am Durchbruchspunkt und kam doch nicht zu der Einsicht, daß alle äußeren Anklänge tot sein würden, wenn nicht eine innere unmittelbare Offenbarung vorhanden wäre, die durch äußere Eindrücke belebt und entwickelt und durch verstandesmäßige Reflexion zum Bewußtsein gebracht wird. Es fehlte ihm der Schlußstein seiner ganzen Ansicht d. h. die ausdrückliche Bestimmung der „Vernunft" als des Vermögens des „Vernehmens" des Göttlichen.[1])

So war Hugo der Glaube nicht vermittelt durch die innere Offenbarung Gottes im Menschengeist, sondern durch bloße Autorität. Aber dieser Glaube entbehrt nach seiner Meinung des Verdienstes vor Gott, das eben darin besteht, daß er nicht sieht und doch glaubt.[2]) Gleichzeitig aber schließt der Glaube ein Wissen in sich. „Wenn nämlich einer etwas hört" — sagt er — „so hat er immer eine Erkenntnis, wenn er auch noch nicht von der Wahrheit des Vernommenen überzeugt ist. Es giebt wohl eine Erkenntnis ohne Glauben, aber keinen Glauben ohne Erkenntnis." Daher bestimmt er in mehreren Definitionen[3]) den Glauben dahin, daß er über dem Meinen, aber unter dem Wissen stehe. Das Meinen stellt er dem Leugnen gegenüber und erklärt dies für das Schlechthin-Verwerfen einer Sache, jenes für das Nicht-Ganz-Verwerfen des Gegenteils; „glauben

---

[1]) Es ist hier der Ort, darauf hinzuweisen, daß die oben ausführlich dargelegte zwiespältige Auffassung des Glaubens und der Offenbarung, wie sie zwischen Katholicismus und Protestantismus besteht, schon bei ihren wissenschaftlichen Vorkämpfern, bei Augustin und Luther hervortritt. Augustin, bei dem die christlichen Wahrheiten noch gar keinen Anknüpfungspunkt in seinem Innern fanden, kam auch schwerer Lebenserfahrung zu der Ueberzeugung, daß der Mensch die Wahrheit, die ihn heiligen solle, von einer göttlichen Autorität demütig empfangen müsse, ehe er dazu fähig wäre, durch eine erleuchtete Vernunft die göttlichen Dinge zu verstehen, und bekannte: „ego vero evangelio non crederem, nisi me catholicae ecclesiae commoveret auctoritas". Anders Luther. Lange bevor er vor Kaiser und Reich das erlösende Wort sprach von dem „in Gottes Wort gefangenen Gewissen" und „den hellen Verstandesgründen", redete er schon im Oktober 1517 vor Cajetan in Augsburg von dem „Zeugnis seines Gewissens" und äußerte sich kurz nach der Leipziger Disputation (Ende August 1519) in Erläuterungen seiner dort aufgestellten Thesen und unter ausdrücklicher Beziehung auf den oben angeführten Satz Augustins dahin, daß ihm der wahre Glaube eines Christen „nicht entstehe durch irgend welcher Menschen Autorität, sondern durch den Geist Gottes in den Herzen". Bei der Herausgabe des Neuen Testaments (1522) erklärte er im Vorwort zum Römerbrief den Glauben als „eine lebendige Zuversicht auf Gottes Gnade," die das Herz „fröhlich und trotzig" macht, als „ein göttlich Werk in uns" und fuhr in seinen späteren Streitschriften fort, eine selbständige auf innerer Erfahrung beruhende Ueberzeugung des einzelnen zu behaupten. „Es muß", sagt er, „ein jeglicher allein darum dem Evangelium glauben, daß es Gottes Wort ist und daß er inwendig befinde, daß es Wahrheit sei". So ging er überall zurück auf etwas, was Gegenstand unmittelbarer Gewißheit sein mußte, indes machte er keinen Versuch, den inneren Vorgang weiter auseinanderzusetzen und zum allgemeinen Inhalt des menschlichen Bewußtseins überhaupt in Beziehung zu bringen.

[2]) Daher bei ihm in Anschluß an Joh. 20,29 das schöne Wort: „si vides, non est fides".

[3]) Dicere potest, sagt er in do sacramentis, fidem esse certitudinem quandam de rebus absentibus, supra opinionem et infra scientiam constitutam; zwei anderswo gegebene Erklärungen wiederholen genau die bezeichnenden Worte „supra opinionem et infra scientiam."

dagegen geschieht, wenn man das Gegenteil ganz verwirft." Daraus folgt, daß ihm die gläubige Annahme der Kirchenlehre die niedere, **die verstandesmäßige Auffassung des Glaubens die höhere Stufe der Erkenntnis** ist. Daher ist es Sache des Theologen oder des christlichen Philosophen, von dem, was er im Glauben und Gemüte erfaßt hat, sich auch vernünftige Rechenschaft zu geben und von dem einfachen Glauben zu der höheren Stufe der verstandesmäßigen Begründung fortzuschreiten.

Diese Aufgabe, auf den überlieferten Glauben rationale Grundsätze anzuwenden und ihn zum Wissen zu erheben, sprach in der mittelalterlichen Kirche zuerst Anselm aus. Daß aber dieser Versuch der Rationalisierung des Dogmas nicht blos von einzelnen Individuen, sondern von einer zusammenhängenden Reihe von Kirchenlehrern, von einem ganzen Zeitalter, nach einer bestimmten Methode gemacht wurde, das ist es, was der Scholastik ihre großartige geschichtliche Bedeutung giebt. Die wissenschaftlichen Hülfsmittel entnahm man der aristotelischen Logik und Dialectik, ohne die die Scholastik überhaupt nicht hätte entstehen können; die philosophischen Begriffe lieferte außer Aristoteles namentlich das eine fast vollständige Reproduktion des Neuplatonismus enthaltende System des im Zeitalter Karls des Großen lebenden Joh. Scotus (oder Erigena). In der Kette scholastischer Lehrausbildung aber, die mit dem Bestreben, sich des Dogmas geistig zu bemächtigen, notwendig auch eine systematisierende Tendenz erhielt, ist Hugo kein unwesentliches Glied; ja sogar ein viel wesentlicheres, als man gemeiniglich annimmt. Deshalb schweift die Abhandlung an dieser Stelle auf einige Augenblicke ab, um die Thätigkeit Hugos auf dogmatischem Gebiete in das rechte Licht zu setzen.

Gegen das Ende des 11. Jahrhunderts hin unternahm man zunächst an der neubegründeten Pariser Universität Versuche, eine „summa sacrae eruditionis" d. h. einen systematischen Inbegriff der Kirchenlehre zu geben. Natürlich waren diese Arbeiten anfänglich sehr dürftig und wenig umfassend und sowohl Anselm als auch Abälard kamen, obwohl sie das Ganze der Kirchenlehre im Auge hatten, im wesentlichen doch nicht über die Lehre von Gott, von der Trinität und der Versöhnung hinaus. Das Ganze der Glaubenslehre behandelt zuerst Hugo. Um das Jahr 1130 schrieb er die „summa sontentiarum",[1]) d. h. eine knappe Darlegung der einzelnen Kirchenlehren in der Art, daß er geeignete Belegstellen aus den Kirchenvätern und der h. Schrift herbeizog und daran jedesmal eine kurze Widerlegung gegnerischer Ansichten unter Berufung auf Autoritäten oder Vernunftgründe schloß. Bei weitem selbständiger ist er in seinem (zwischen 1136—1138 abgefaßten) umfangreichen Hauptwerk „de sacramentis christianae fidei", dem er auch seine meisten dogmatisch-moralischen Schriften einverleibte. Daß beide Werke durch Robert Pull († 1164), den Verfasser einer „summa", benutzt sind, ist wahrscheinlich; unzweifelhaft aber ist dies der Fall — ganz abgesehen von Hugos unmittelbarem Schüler Richard († 1173), der die Schrift „de trinitate" abfaßte — bei Petrus Lombardus († 1164), der, wenn nicht gar von Hugo selbst, so doch jedenfalls in St. Victor vorgebildet wurde. Die berühmte „summa" des Lombarden, die, vielfach commentiert, ihr geradezu klassisches Ansehen bis zur Reformation behauptete, verdankt den Hugonischen Werken sehr viel; denn nicht nur die Anordnung des Stoffes, sondern sogar der größte Teil des Inhaltes der „summa" Hugos und eine große Reihe von Einzelheiten aus „de sacramentis" ist in die „summa" des Lombarden meist wörtlich übergegangen. Somit gebührt jedenfalls Hugo und **nicht** Petrus Lombardus das Verdienst, die Hauptsätze der theologischen Gelehrsamkeit in einem systematischen Zusammenhang vorgetragen zu haben.[2])

Indem aber Hugo — als einer der ersten Scholastiker — den von den Kirchenvätern überkommenen religiös-dogmatischen Inhalt wissenschaftlich zu entwickeln, den Zusammenhang der Lehren unter sich nachzuweisen und in die Einheit eines Systems zu bringen versuchte, scheint er mit der gesamten mittelalterlichen Theologie die Meinung von der Erweisbarkeit der Kirchenlehre geteilt zu haben. Indes steht er auch hier auf einer höheren Warte als die meisten seiner Zeitgenossen. Denn während diese sich eigentlich nie der Schwäche der dialectisch beweisenden und begreifenden Verstandesreflexion bewußt wurden, während sie den Wert der Vernunfträsonnements ganz und gar überschätzten und im Vertrauen auf die Allgewalt der Dialectik bei ihren Spekulationen

---

[1]) Ueberweg, (a. a. O. II. 129) schreibt diese „summa" unter dem Nebentitel „tractatus theologicus" mit Unrecht noch Hildebert von Lavardin zu. Vgl. Liebner, a. a. O. S. 488 und Kaulich, H. v. St. V., S. 6.

[2]) Vgl. zu diesem Abschnitt außer Liebner auch Hase, Kgsch. § 194, Anm. e. Neander, Kgsch. VIII. 105, Ueberweg II. 202, Kaulich, H. v. St. V., S. 6.

oft Maß und Ziel so aus den Augen verloren, daß sie in Sachen des positiven Glaubens auch da noch begreifen und erklären wollten, wo nichts mehr zu begreifen und zu erklären war, — erkannte Hugo deutlich diesen Grundfehler der Scholastik und war sich der **Unzulänglichkeit aller Beweisführung für den Glauben** bewußt. Daher nimmt seine Spekulation eine bescheidene und anspruchslose Gestalt an, die ihn weit über seine Zeitgenossen stellt. Zwar hält er an der Möglichkeit des Begreifens des Uebernatürlichen grundsätzlich fest, allein er bekennt doch, daß dies Begreifen und Erweisen kein völliges ist. Zwar will er aus dem Wesen des Menschengeistes und aus der Natur das Dasein, die Einheit und Unabänderlichkeit, die Weisheit und Güte Gottes herleiten und macht sogar den Versuch, die Dreieinigkeit aus dem Wesen der Seele zu begründen; allein er gesteht doch, nur eine „Spur", nur ein „Weniges" finden zu können, und bricht deshalb den Erweis ab. Mit dem bloßen Verstande will er in diesen Dingen nicht weitergehen und läßt deshalb die Offenbarung helfend eingreifen: sie bestätigt dem Verstande das, was er an sich begreifen konnte, und giebt ihm dazu die „weitere und tiefere Erkenntnis als eine völlig neue, die er an und für sich selbst nie zu erreichen vermag."

Im Anschluß an diese Erörterungen entwickelt Hugo dann eine bemerkenswerte Erklärung, die noch schärfer als das Bisherige über die Unmöglichkeit des Erfassens des Uebernatürlichen sich äußert und dem alles begreifen wollenden Verstande bestimmtere und engere Grenzen zieht. „Einige Dinge" — sagt er — „sind ex ratione (vernunftnotwendig), andere hinwiederum secundum rationem (vernunftgemäß), noch andere supra rationem (übervernünftig, wunderbar) und endlich giebt es noch solche contra rationem (widervernünftige). Zwei Arten von diesen Dingen haben mit dem Glauben überhaupt nichts zu schaffen. Denn das, was ex ratione ist, ist bekannt und kann nicht geglaubt werden, weil es ja gewußt wird; was aber contra rationem ist, kann in gleicher Weise aus keinem Grunde geglaubt werden, weil es keinem Vernunftgrunde zugänglich ist und keine Vernunft sich dabei beruhigt." Was Hugo zu dem Vernunftwidrigen rechnet, hat er nirgend angedeutet; als ex ratione aber sieht er das an, was unmittelbar in der Vernunft liegt, d. h. die endlichen Vorstellungen und Begriffe, aus denen das Unendliche erst erschlossen wird. Diese Dinge gehören dem „Wissen" an, fallen in das Gebiet des „natürlichen" Wissens, der realen Naturwissenschaft. „Was aber" — so fährt Hugo fort — „secundum rationem und supra rationem ist, ist Gegenstand des Glaubens." Unter dem Vernunftgemäßen aber versteht er die sowohl durch Vernunft als durch Offenbarung erkennbaren Lehren von Gottes Dasein und Wesen bis auf die Spur der Dreieinigkeit und erklärt weiter: „Diese Dinge kann die Vernunft zwar keineswegs völlig begreifen, aber man kann ihnen doch durch Beweis und Entwickelung eine bedeutende Stütze geben." Uebervernünftig aber sind ihm die rein positiven, nur aus der Offenbarung und Kirchentradition erkennbaren Lehren z. B. die von der Trinität, Inkarnation u. s. w. und von ihnen sagt er: „Bei ihnen wird zwar der Glaube durch keinerlei Vernunftgrund unterstützt, weil den Vernunft das nicht faßt, was der Glaube glaubt; dennoch aber ist hier etwas, durch das der Vernunft bestimmt wird, den Glauben, den sie nicht völlig begreift, ehrfurchtsvoll anzunehmen. Denn alles dies ist uns durch göttliche Offenbarung überliefert und darum müßt sich die Vernunft nicht darin ab, sondern zügelt sich, damit sie ihm nicht widerstreite." Das „Wissen" aber von diesen Gegenständen des Glaubens oder das „theologische" Wissen ist ein höchst unsicheres. Denn wenn der Verstand den Versuch unternimmt, das Unendliche aus dem Endlichen herzuleiten, so wird er die Erfahrung machen, daß dies durchaus unvollendbar ist, da er es nur höchst mangelhaft und unvollkommen zu fassen vermag; will er aber gar die positiven Kirchendogmen begreiflich machen, so ist das eigentlich garnicht möglich, es ist „die allerschwächste Seite des Wissens."

So schreibt Hugo der scholastischen Beweisführung im allgemeinen eine, wenn auch nur geringe Bedeutung zu; in einer Stelle aber entwickelt er eine noch reinere Auffassung, nach welcher er das Wissen vom göttlichen Sein und Wesen oder die Deduction des Unendlichen aus endlichen Begriffen ganz aufhebt und sie geradezu für nichtig erklärt. „Alle unsere Vorstellungen" — so ungefähr entwickelt er seinen Gedanken — „beziehen sich teils auf gegenwärtige Dinge, teils auf gar nicht vorhandene, die wir in unserm Geiste uns vorstellen, teils auf unsere Gefühle. Aber auf keine von diesen Arten wird das unsichtbare Wesen Gottes von uns vorgestellt; dies kann nur geglaubt, nicht begriffen werden. Denn es ist nicht in der äußern Erfahrung gegenwärtig, es kann nicht vermittelst einer Aehnlichkeit oder eines Bildes begriffen werden; es kann auch nicht so wahrgenommen werden, wie das, was wir innerlich fühlen. Wir können nur glauben, daß

2*

Gott ist, aber nicht begreifen, wie er ist. Aber, sprichst du, was soll ich denn sagen, daß Gott sei? Ich antworte: das göttliche Wesen ist überhaupt unaussprechlich. Aber fragst du wiederum, was soll ich mir von Gott wenigstens denken? Ich antworte dir weiter: Gott ist auch undenkbar. Denn alles, was wir denken, müssen wir denken im Verhältnis zu etwas anderm: wie sollen wir Gott denken, der über jedes Verhältnis erhaben ist?" — Gott kann also weder adäquat gedacht, noch ausgesprochen werden: das ist die Ansicht Hugos und mit ihr richtet er die Scholastik und alle und jede Verstandesreligion aus Begriff und Beweis. Keineswegs leugnet er damit die Notwendigkeit verstandesmäßiger Reflexion für die Religion, sondern weist ihr ihr eigentliches und wahres Geschäft zu, das darin besteht, die Idee des Unendlichen in ihrer reinen Negativität darzulegen. Jede positive oder affirmative Aussprache und Bestimmung des Glaubens aber ist ihm nur Symbol, nur Bild. „Da Gott", sagt er, „über alles endliche Sein und Leben, über alle Vernunft und Einbildung unendlich erhaben ist, so kann der menschliche Geist von ihm etwas fassen, ihn selbst aber nicht. Aber darum ist das, was von ihm gesagt und gedacht wird, nicht immer für falsch zu halten: denn wenn es auch nicht er selbst ist, so ist es doch eine gewisse Wahrheit von ihm, insofern sie zu ihm führt. Immerhin aber ist es genauer und treffender, daß wir nicht angeben, was er sei, sondern nur, daß er ist; denn für die Aussprache des göttlichen Wesens (in divinis) sind Negationen der Wahrheit entsprechend und richtig, Affirmationen aber ungehörig und ungeeignet, weil sich dem Wesen nach völlig Verschiedenes (dissimilia) nicht verbinden und einander anpassen läßt ... Und dies ist auch das einzige, was sich von ihm sagen läßt. Es ist schon ein Großes für den Menschen, nach ihm zu streben, obwohl es ihm nicht gegeben ist, ihn zu erreichen. Aber es wird ihm einst gegeben werden, wenn das Vollkommene gekommen sein wird und der Mensch beginnt zu sehen, wie er ist — nicht ein Bild durch einen Spiegel, sondern die Wahrheit von Angesicht zu Angesicht. Nun aber ist noch alles Bild und das Bild ist noch weit von der Wahrheit entfernt: und dennoch thut es, was es als Bild nur thun kann, und wendet das Gemüt zu ihm hin ... Etwas wird also von ihm gesagt und die Wahrheit erträgt es von sich und empfiehlt es uns als Wahrheit — uns, die wir die Wahrheit selbst nicht fassen können, bis das Bild vorübergegangen ist und die Wahrheit offenbar wird über alles und außer allem Jetzigen, nackt und bloß, wie sie ist." — Die positive Aussprache über Gott läßt Hugo nur gelten für die in der religiösen Gemeinschaft notwendige Darstellung und Mitteilung und es ist für seine Anschauung selbstverständlich, daß er diese in Gemäßheit der kirchlichen Symbole gegeben wissen will. Die Lehre von der Negativität der Idee des Unendlichen aber, die er entwickelt, ist zwar nicht neu, zumal sie bereits beim Beginn der Scholastik durch Johannes Skotus entwickelt wurde; allein die meisten Scholastiker ließen doch zwischen dem Endlichen und Unendlichen eine gewisse Analogie bestehen, so daß allen ihren Begriffen etwas Objektives entsprechen sollte; sie wollten eben so viel Scharfsinn nicht umsonst aufgewendet haben. Von seinem Zeitgenossen legt nur Abälard in gleicher Schärfe die Negativität der Idee des Unendlichen dar; aber einzig steht Hugo darin da, daß er damit den Satz von der Nichtigkeit aller Beweise für das göttliche Wesen verband; denn bis zum Ausgang der Scholastik lassen alle Theologen die Beweise im allgemeinen zu, obwohl sie deren Schwäche im einzelnen erkennen.

Nach diesen Darlegungen braucht nicht mehr darauf hingewiesen zu werden, wie nahe Hugo die großen Fragen berührt, die den Wendepunkt der neuesten Philosophie bilden. Aber das an sich völlig richtige Ergebnis seiner Spekulationen über das Unendliche führte ihn doch in die Irre. Denn statt diese Schranke unsres Wissens anzuerkennen, statt zu forschen nach den Gründen, an welchen die Lösbarkeit dieses Problems scheitert, und sich dabei zu beruhigen, trieb ihn sein nach vollster Gewißheit strebender Geist aus dem Stadium des verstandesmäßigen Auffassens in ein höheren, aber eben außer der menschlichen Natur liegenden unmittelbaren Anschauens. Die scholastische Reflexion mit ihren Begriffen und Beweisen, mit ihrer blos mittelbaren Erkenntnis reichte ihm für die unumstößliche Gewißheit der religiösen Wahrheit nicht aus; darum giebt es, so schloß er irrtümlich weiter, eine **höchste Stufe der Erkenntnis: die unmittelbare (mystische) Anschauung** (contemplatio).

So drängt ihn sein verkehrtes Denken in die Bahnen der Mystik, deren letztes Ziel die unmittelbare Vereinigung mit Gott ist. Aber es springt sofort in die Augen, daß Hugo auf einem ganz andern Wege dazu kam, als Bernhard von Clairvaux, der eigentliche Vertreter dieser Geistesrichtung im 12. Jahrhundert. Bernhard hält die menschliche Vernunft für völlig unfähig, in das Gebiet des Glaubens einzudringen, und bezeichnet es als eine frevelhafte Willkür gegen die Majestät Gottes, wenn der intellectus es wage, das Versiegelte des Glaubens durch das menschliche Denken zu erschließen. Hugo dagegen ist weit entfernt von dieser einseitigen Gefühlsrichtung und dem Widerwillen gegen jedes verständige Denken; vielmehr ist er von der Notwendigkeit vernünftigen Forschens für die Theologie durchdrungen und das spekulierende Denken ist ihm ein Bedürfnis des menschlichen Geistes, das notwendig seine Befriedigung sucht. Bernhard verachtet den Gebrauch der Sinne und will nicht durch stufengemäßes Fortschreiten, sondern durch plötzlichen Aufschwung in der Betrachtung sich zu den himmlischen Höhen erheben, da das Höchste nicht durch Worte gelehrt, sondern nur durch den Geist offenbar werden könne. Hugo weist dem verständigen Denken seinen gehörigen Platz an; da ihm aber das rein negative Ergebnis desselben kein Genüge gewährt, so vereinigt er, getrieben von dem Bedürfnis, das Höchste nicht nur zu denken, sondern auch zu schauen, beide Ansichten, und betrachtet das verstandesmäßige Auffassen als die niedere, die mystische Anschauung aber als die höhere Stufe der Erkenntnis.

Indem er aber so Mystik und Scholastik zu einer Einheit verschmilzt, erscheint er als der, der diese beiden divergierenden Richtungen seiner Zeit zur Versöhnung führt und sich in die Mitte stellt zwischen Bernhard von Clairvaux und Abälard, die einander als vollendete Antipoden gegenüberstehen. Bernhard ist der Vertreter der vom Leben des Gemütes ausgehenden praktisch-mystischen Richtung, Abälard der Verfechter der dialectischen Untersuchung; der eine lebt in klösterlicher Stille und strenger Askese, der andre fällt in jugendlicher Leidenschaft schweren Verirrungen anheim; der eine mühnt sich in still beschaulichem Leben, den Geist in Gott zu versenken, der andere sucht auf der Stufenleiter des Wissens zu ihm emporzusteigen; dem einen ist die Erkenntnis, wenn nicht ganz überflüssig, so doch geringfügig, der andere verwirft blinden Autoritätsglauben und will durch Zweifel und Prüfung zur Wahrheit gelangen. Die persönliche Machtfrage zwischen beiden Gegnern wurde durch den blinden Ueberreifer Bernhards, der sich nicht schämte, unter dem Scheine heiliger Liebe Waffen des Hasses zu gebrauchen,[16]) von der Synode zu Sens (1141) dahin entschieden, daß Abälard „als Unterwühler kirchlicher Autorität" zu strenger klösterhaft verurteilt wurde. Die geistige Versöhnung beider Gegensätze führte Hugo herbei. Er verband die beiden so verschiedenen Richtungen zu einer Einheit dadurch, daß er sie, wie oben schon angedeutet, in das Verhältnis zu einander setzte, daß die mittelbare verstandesmäßige Erfassung des Glaubens die niedere, das unmittelbare Ergreifen des Ewigen durch außerordentlichen Aufschwung die höchste Stufe der Erkenntnis sei.

Daher unterscheidet er drei Arten von Gläubigen. „Die einen" — sagt er — „ergreifen allein durch ihr frommes Gefühl den Glauben; die andern geben sich verstandesmäßige Rechenschaft darüber und bestätigen mit dem Verstande, was sie in gläubigem Sinne in sich aufgenommen haben; die dritten aber fangen durch Reinheit des Herzens und Gewissens schon an, innerlich das zu schmecken, was sie glauben." Was aber so bei verschiedenen Klassen der Gläubigen sich zeigt, das wiederholt sich auch innerhalb des einzelnen religiösen Individuums. „Es giebt also" — sagt Hugo — „drei Stufen des Glaubens, durch welche der wachsende Glaube sich bis zur Vollkommenheit erhebt; die erste glaubt in frommem Gefühl, die zweite bestätigt durch verstandesgemäße Untersuchung, die dritte ergreift die Wahrheit." In psychologischer Hinsicht unterscheidet er drei Stufen: erstlich das Vorstellen der Dinge (cogitatio), zweitens die meditatio, die das Verborgene und Unbekannte zu erforschen strebt und immer auf einen Gegenstand der Erfahrung gerichtet ist, und endlich die dritte, die contemplatio, die es mit Gegenständen zu thun hat, die ihrer Natur nach dem Geiste offenbar sind. Die niedere Stufe dieser contemplatio, die den Anfängern zukommt, schließt die Betrachtung der Kreaturen in sich; die höhere, die dem Vollkommenen gebührt, wendet sich der Betrachtung Gottes zu. Diese letztere beschreibt Hugo mit folgenden Worten näher: „Der durch Vernunftgründe gestärkte Geist wird dadurch zu einer innigeren Umfassung des Glaubens angeregt; durch die Jungigkeit aber wird er gereinigt und geläutert, so daß er reinen Herzens[17]) schon im voraus zu kosten anfängt, was er durch gläubiges Empfangen und Innigkeit zu schauen sich müht. So wird das reine Herz durch unsichtbare Erweise und durch geheimen und vertrauten Umgang mit Gott täglich mehr unterwiesen und sicher gemacht — und dies so sehr, daß es ihn nun fast schon in der Anschauung gegenwärtig zu haben anfängt und auf keinerlei

---

[16]) Vergl. Neander, D. h. Bernhard, S. 256—258.
[17]) Vergl. Malh. 5, beati mundi corde, quia deum videbunt. das mystische Schlagwort.

Weise, wenn auch eine ganze Welt von Wundern sich entgegenstellte, von dem Glauben an ihn und der Liebe zu ihm hinweggerissen werden kann." Von dieser contemplatio, die er auch wohl als speculatio bezeichnet, unterscheidet er endlich noch eine contemplatio im engern Sinne, eine höchste Stufe derselben. Diese führt zur Ekstase, welche den Geist zum Vergessen seiner selbst und zur Ruhe in Gott führt, in der er durch keinen anderen Gedanken, noch durch eine Begierde nach etwas anderm gestört wird. Alle und jede niedere Seelenkraft wird darin ihrer eigentlichen Leistung entbunden und der höhere Teil der Seele genießt ungestörte Glückseligkeit. In solchen Momenten ekstatischer Verzückung ist der Seele das durch den Sündenfall verschlossene Auge der Anschauung (oculus contemplationis) wieder geöffnet und es treten ihr Bilder entgegen, in denen Dinge geschaut werden, deren Erkenntnis die Kraft des Denkens übersteigt. Aber auch in ihnen wird Gott nicht erblickt, wie er ist, sondern gewissermaßen etwas Geringeres; denn die Endlichkeit der Kreatur macht es unmöglich, Gott den Unendlichen zu erfassen.

Diese Darlegung der mystischen Anschauungen Hugos läßt trotz ihrer Kürze die entschiedene Verirrung des so hochbegabten und scharfsinnigen Viktoriners erkennen. Allein es darf nicht übersehen werden, daß sich neben dem Ungesunden, Ueberschwänglichen und Phantastischen auch ein **gesundes mystisches Element** bei ihm findet, ein Etwas, das geradezu einen unentratsamen Faktor im Wesen der Religion überhaupt bildet. Dies aber entwickelte sich bei Hugo infolge seines Gegensatzes gegen die Scholastik. Indem diese den durch die unantastbare Lehre der Kirche gegebenen Stoff mit dem Verstande zu begreifen und zu umspannen, durch Definitionen und Syllogismen klar- und sicherzustellen suchte, verwandelte sich allgemach das religiöse Interesse in reines Verstandesinteresse. Indem man klare begriffliche Einsicht suchte in den Glauben, fing man allmählich an, auch nichts mehr darin zu suchen, und kam so dazu, den überlieferten Stoff nur als Anfangs- und Ausgangspunkt für rein dialectische Erörterungen zu machen, bei für das religiöse Gefühl völlig wertlos waren. Die kalte Verstandesspekulation über die kirchliche Lehre mit ihrer Menge leerer und spitzfindiger Distinctionen, Terminologieen und Formeln, die dem Herzen kein Leben einhauchten und dem ernsten sittlichen Streben keine Stütze verliehen, mußte notwendig einen Gegensatz entstehen lassen. Die eine Einseitigkeit rief die andere hervor, die sich ausschließlich einem rein innerlichen Gemütsleben hingab, sich dem dunklen Gefühl der Frömmigkeit überließ und der Phantasie freien Spielraum gewährte. Die Scholastik löste sich los von dem fruchtbaren Boden des Gefühls und überließ sich einseitig dem Verstande; die Mystik gab sich einem Gefühlsleben hin, das der Aufsicht des Verstandes völlig entbehrte; je schärfer und zersplitterter die Dialectik der einen, desto überströmender und hinreißender die Gefühlsschwärmerei der andern; beide aber entfernten sich — die eine durch ihre Grübeleien, die das Herz kalt ließen, die andere durch ihre Ueberspanntheiten, die dem Drang des Menschen nach That keine Befriedigung gewähren — ganz und gar von dem Grunde des wirklichen Lebens. Aber je einseitender der Gegensatz wurde, je mehr er zu einer Zerrissenheit führte, die für Wissenschaft und Leben gleich verderblich war, um so eher mußte die geistige Entwickelung auf den rechten Weg kommen. Und auch hier erscheint Hugo wieder als der, der den berechtigten Kern beider Geistesrichtungen erkannte und die Gegensätze zur Versöhnung führte. Wenn **Abälard** den intellectus d. h. die verstandesmäßige Reflexion über den Glauben vor die fides d. h. das fromme Gefühl stellte, **Anselm** dagegen von dem frommen Gefühl als dem ersten ausging und zum Wissen emporstieg, so irrten beide darin, daß sie das Gefühl von dem Verstande zeitlich trennten, während diese beiden Seelenkräfte in der That doch nur neben, mit und in einander wirken. Das religiöse Gefühl ist das Ursprüngliche und als etwas Vorhandenes Gegenstand des Wissens für den Verstand, der das, was unbestimmt und unklar in flüchtigen Regungen erscheint, durch wiederholte Beobachtung zum Bewußtsein bringt. Demgemäß ist der Verstand die ordnende und leitende Macht und je mehr er an Schärfe gewinnt, desto mehr gewinnt das Gefühl an Innigkeit und Tiefe. So stehen beide in einem Wechselverhältnis, bei dem eins in das andre greifen, eins durch das andre gedeihen und reisen muß. Und eben dies innige Zusammengehn von Verstand und Gefühl findet sich in jenem Zeitalter der Einseitigkeiten bei Hugo durchweg.

Zunächst bethätigte er es praktisch dadurch, daß er über dem abstrakten Denken nie das Gefühl für die Sache aus den Augen verlor. Zwar ist nicht zu leugnen, daß sein Gemütsleben mehrfach über die Schranken eines gesunden Gefühls hinausging und in schwärmerische Mystik ausartete; ebensowenig ist zu leugnen, daß ihn diese seine Geistesrichtung immer und immer wieder zu **allegorischer Bibelauslegung** drängte, obwohl er deren Gefahren erkannte¹⁰) — allein sein tiefes religiöses Empfinden bewahrte ihn doch vor jener unnützen, vorwitzigen und nicht selten frivolen Erörterungsweise der Scholastik. Hugo ließ sich genügen an dem Ergebnis, daß etwas so sei, ohne daß es ihn drängte, zu ergrübeln, wie es sei. Darum führt er in den meisten seiner Werke gegen die neugierig-fragende Wißbegierde der Scholastiker, gegen die Verflüchtigung der Religion in Distinktionen und Sophistereien eine unausgesetzte Polemik. Mehr als einmal weist er darauf hin, „daß wir in vielen Dingen gleichsam mit verbundenen Augen mit dem Sinne unserer Erkenntnis schüchtern umhertasten nach dem für uns Unbegreiflichen" und meint, „daß es uns furchtsam machen muß, daß in der Bestimmung der Wahrheit, die doch nur eine ist, so viel verschiedene Meinungen sind." Vor allem zieht er scharf zu Felde gegen die eitle scholastische Wortkrämerei. „Da fragen nun die Menschen täglich", schilt er, „wie man sich ausdrücken müsse, selten, was man glauben müsse. Man fragt, ob der Ausdruck gut, ob er anzunehmen, ob er zu billigen sei. Diese Wortpräger und Wortmünzer machen eine große Menge Worte und sind immer in einer unendlichen Verwirrung, weil sie das Urteil des Geistes aus dem Buchstaben ziehen wollen, nicht aber das Urteil des Buchstabens aus dem Geiste.... Sie plagen sich mit der Bestimmung des Wortes, weil sie den Geist der Einsicht nicht haben.... Darum bringen sie bald das eine, bald das andere Wort über das Eine, was zu verstehen ist. Sie fragen, was eine Person sei, und bringen dann eine Definition u. s. w." Mit solchen und ähnlichen Worten tadelt er das für das Gefühl, das geistige und sittliche Leben unbrauchbare einseitige Festhalten des Interesses des spekulierenden Verstandes. Aber seine Polemik ist, obwohl bisweilen sehr scharf, doch frei von der leidenschaftlichen Bitterkeit, mit der man in seinem Zeitalter gegnerische Ansichten niederzuschmettern suchte; er offenbart bei allem Gegensatz die gemessene Ruhe und Klarheit eines selbstbewußten Geistes, der die Streitsache von einem höheren Gesichtspunkt aus betrachtet.

Während Hugo infolge der eigenartigen Natur seines Geistes und seines richtigen religiösen Gefühls so das innige Zusammengehen von Verstand und Gefühl praktisch bewahrte, hat er das, was ihm bei seinen theologischen Bestrebungen leitete, bisweilen auch als Formalprinzip für die theologische Wissenschaft ausgesprochen. Mag er nun das verständige Denken „Erkenntnis", „Denken", „Wahrheit" oder „Licht" und das mit ernstem sittlichen Streben gepaarte Gefühl „Tugend", „Liebe", „Leben in Gott" nennen, der Sinn bleibt immer der, daß Verstand und Gefühl beide gemeinsam die theologischen Forschungen begleiten müssen. Freilich begeht er dabei den schon gerügten Fehler, daß er mit Anseln — und vielleicht nur aus Gegensatz gegen Abälard — das Gefühl vor den intellectus stellt; freilich drängt er das ethische Moment hinsichtlich der Gewinnung von Erkenntnis allzusehr in den Vordergrund; ja, es ist nicht zu leugnen, daß er aus Neigung zur Mystik die Liebe Gottes für das wahre Prinzip höherer Erkenntnis erachtet und in ihr eine unversiegbare

---

¹⁰) Hugos Ansicht über die Schrifterklärung (vgl. Anm. 3), die er in seinem zweitgrößten Werk, im „didascalicon", bei der Abhandlung über die Methode des Schriftstudiums entwickelt, verdient nur so recht Beachtung, als der Grundsatz grammatisch-historischer Auslegung der h. Schrift, wenn auch noch sehr unklar, das Wort redet. Denn obwohl Hugo noch sein lebendiges Bewußtsein hat von der Notwendigkeit des Studiums des Hebräischen und Griechischen und sich genügen läßt an der Vulgata und den oft höchst willkürlich aus den Schriften der Kirchenväter zusammengestellten Glossen; obwohl er mit seinen Zeitgenossen in dem Worte Gottes nichts Gewöhnliches und Alltägliches zu finden vermag, sondern in allem Hinweise auf die Seligkeit oder Offenbarungen göttlicher Geheimnisse suchen zu müssen glaubt und darum der allegorischen Auslegung als der höheren den unbedingten Vorzug vor den beiden anderen giebt; — so ist er doch gleichwohl zu der Erkenntnis gekommen, daß Vorwitz und Leichtsinn auf dem Wege der Allegorie alles und jedes durch die Bibel beweisen könne. Darum bellagt er nicht nur als bemitleidenswert die, welche in der Schrift forschen, um dadurch Reichtum und Ruhm zu erwerben, sondern tadelt vornehmlich oft und mit Nachdruck solche, die ohne hinlängliche Vorbereitung, Vorkenntnisse und Hülfsmittel an das Wort Gottes gehen und in den Worten der Schrift nur Veranlassung zum Antworten und Lösen von allerlei spitzfindigen Fragen suchen. Darum erhebt er gegen sie den Vorwurf, daß sie „das Wort Gottes in ein Theatersinel verkehren, das zwar ergötzt, aber das Herz ohne wahren Gewinn läßt" und fordert gegenüber den dem Geiste der Schrift zuwiderlaufenden exegetischen Verwegenheiten nachdrücklichst Erforschung des klaren einfachen Wortlauts. Allerdings soll ihm dieser nur die Grundlage bieten für die Allegorie, aber er verlangt für diese doch einen gereisten Geist, der bei aller Freiheit der Forschung doch die kluge Mäßigung nicht aus den Augen setzt und vor gewagten Annahmen sich hütet und will die Auslegung immer geprüft wissen an der Norm des Glaubens der Kirche, der nie irren kann. — Freilich wird Hugo in seinen für die Praxis in dritter neuer Werte ausmachenden biblischen Commentaren, die die hauptsächlichsten historischen Schriften des Alten Testamentes und die Paulinischen Briefe behandeln, seinen Grundsätzen untreu und verfällt immer wieder dem exegetischen Banne des Mittelalters, dem leidigen Allegorieren — allein trotz des mangelnden Erfolges behält sein guter Gedanke doch seinen vollen Wert.

Quelle findet für ein Wissen, das stets sich erweitert und mehr erreicht, als die Denkkraft je zu erreichen vermag — allein trotz alledem enthalten seine Gedanken viel Richtiges und Wahres.

Am kürzesten spricht Hugo seine Meinung von dem Ineinanderarbeiten des Verstandes und des Gemütes aus in seinem, hier und da in kirchengeschichtlichen Handbüchern angeführten Satz: „Tantum de veritate quisque potest videre, quantum ipse est." Wollte man diese Worte aus dem Zusammenhang reißen und sie für sich allein verstehen, so ließe sich darin der Gedanke von einer fortschreitenden Offenbarung finden; je mehr einer sein ganzes Selbst Gott und den göttlichen Dingen hingiebt, um so mehr wird auch die Erkenntnis wachsen; denn die Offenbarung Gottes im Innern des gläubigen Gemütes ist nicht mit einem Schlage fertig geworden, sondern setzt sich aus einer Reihe von Momenten zusammen und ist ein stetiger Entwickelung fähiger Keim, der gleich dem Senfkorn an Ausdehnung wächst und mit der umgestaltenden Kraft des Sauerteiges auf Willen und Wandel des Menschen einwirkt. Die weitere Ausführung des Spruches aber giebt dem Gedanken doch eine etwas andere Richtung, insofern sie die Erkenntnis abhängig macht von der verschiedenartigen Gestaltung des Gemütes und behauptet, daß derjenige dem Irrtum verfällt, dessen Gemüt innerlich verdorben ist. Näher tritt Hugo dem Kernpunkt des Gedankens in einer anderen Stelle, wo er sagt: „Ubi caritas est, ibi claritas est — und wer in der Finsternis des Irrtums umhertappt, der ist nicht in der Liebe. Denn wer die Liebe hat, der sieht klar und sicher und nimmt nicht übereilt an, was er nicht sieht. Wer ohne die Liebe vorwitzig sich zu weit wagt, der verliert den hellen Geistesblick und wohin er auch gehe, es ist alles Irrtum." Mehr auf das sittliche Leben hinweisend, sagt er anderswo: „So sehr sind alle darauf bedacht, die Wahrheit zu suchen, daß wohl niemand sich findet, der irren möchte. Viele indes suchen die Wahrheit ohne die Tugend: und doch ist die Tugend die stete Begleiterin der Wahrheit. Die Wahrheit kommt nicht gern ohne die Tugend; wenn sie aber doch kommt, so kommt sie nicht daher, wo das Heil ist." Endlich mag noch eine vierte Stelle hier Platz finden, in der es heißt: „Es giebt nur eine Sonne und jedes Auge empfängt durch sie das Licht; aber nicht alle, die durch ihre Hülfe sehen, erkennen sie auch. So wird das Licht, das jeden erleuchtet, der in diese Welt kommt, über alle ausgegossen, strahlt in alle hinein und erhellt sie; aber der eine erkennt nur vermittelst desselben, der andere erkennt es auch selbst. Die Bösen werden so erleuchtet, daß sie andere Dinge erkennen, aber den, durch den sie erkennen, sehen sie nicht, weil das Licht in der Finsternis ist, die ihn nicht aufzunehmen vermag. Die Guten dagegen werden so erleuchtet, daß sie ihn erkennen, von ihm und durch den sie erkennen, daß sie alles auf ihn zurückführen, in ihm alles lieben und ihn selbst über alles lieben."

Wahre Erkenntnis also — das ist der Grundgedanke Hugos — wird durch Liebe, durch Reinheit des Herzens, durch ernstes sittliches Streben bedingt: und gern wird ihm jeder hierin beistimmen. Erfordert schon ein Kunstwerk völlige Hingabe von jedem, der es recht ergreifen, recht in ihr aufnehmen will, so gilt noch viel mehr von allem, was Gott betrifft. Er will geliebt und bereits mit dem Herzen verstanden sein, bevor wir mit dem denkenden Geist tiefer in sein Wesen einzudringen vermögen. Denn wo nicht der Wahrheitssinn durch Seelenadel gehoben ist, da ist das geistige Auge für jedes tiefere Wissen getrübt. Ueberall hat man diese Erfahrung gemacht und darum tönt uns aus allen Zeiten und Zungen die Wahrheit entgegen, daß das geistige Auge zu klarer Erkenntnis desto fähiger werde, je reiner und unbefangener, je ernster und selbstloser der Mensch sich dem Göttlichen hingiebt. „So wie der trübe Spiegel", sagt Origines, „das Bild nicht aufnehmen kann, so kann die unreine Seele das Bild Gottes nicht aufnehmen", und Chrysostomus spricht: „Thue, was du thun sollst, und suche mit dem rechten Sinn die Wahrheit zu empfangen — und Er wird sie dir gewiß offenbaren." So richtet Augustin in seinem schönen Wort: „Durch Liebe wird verlangt, durch Liebe gesucht, durch Liebe angeklopft, durch Liebe offenbart, durch Liebe endlich beharrt man in dem Geoffenbarten" — dieselbe Mahnung an uns, die, wer sich seine Denkweise und Ansicht über den Glauben sich anschließen, spricht Anselm: „Zuerst muß . . . das Herz gereinigt, zuerst müssen durch Beobachtung der Gebote des Herrn die Augen erleuchtet, zuerst müssen wir in demütigem Gehorsam gegen das göttliche Wort Kinder werden, ehe wir die Weisheit erkennen können, die Gott den Weisen und Klugen verborgen und den Kindern geoffenbart hat. Zuerst müssen wir uns von dem Fleisch lossagen und nach dem Glauben leben, ehe wir die Tiefen des Glaubens zu untersuchen wagen mögen; wenn der fleischliche Mensch vernimmt nichts von göttlichen Dingen." Dasselbe sagt Matthias Claudius, wenn er spricht: „Es ist eine Wahrheit und nur eine. Die läßt sich mit Gewalt nicht nehmen und bringet sich niemand auf; sie teilt sich aber mehr oder weniger mit, wenn sie mit Demut und Selbstverleugnung gesucht wird. Die ihr Gewalt anthun und eigenmächtig Wahrheit machen wollen, die martern sich vergebens und sind ein Rohr in der Wüste, das der Wind hin und her weht. Menschliche Werke, wie alle Dinge dieser Welt, wanken und verändern Gestalt und Farbe. Die Wahrheit bleibt und wanket nicht. Und wer ihr einfältig und beharrlich anhanget, der wittert Morgenluft und hält sich an das, was er hat, bis er mehr erfahren wird." Am öftesten und eindringlichsten aber wiederholt sich dieser Gedanke in der h. Schrift, besonders in der bekannten Stelle Matth. 6,$_{22-23}$, die hier mit eingeschobenen Erklärungen folgt, teils, weil sie dem leitenden Gedanken vielleicht die vielseitigste Auffassung giebt, teils, weil sie der Auslegung einige Schwierigkeit bereitet. „Das Auge ist des Leibes Leuchte": durch dasselbe empfängt der Mensch das von Gottes Sonne ausgehende Licht. „Wenn dein Auge gesund ist, so wird dein ganzer Leib licht sein", so bewegen sich alle Glieder in diesem Lichte, empfangen vermöge des gesunden Auges richtige Weisung und Leitung. „Wenn aber dein Auge krank ist, so wird dein ganzer Leib finster sein": denn nur ein gesundes Auge kann den Lichtstrahl so aufnehmen, wie er ist; für ein krankes ist er nicht das, was er ist, oder gar überhaupt nicht da. Wie aber das äußere Licht von Gottes Sonne ausgeht, so geht das Licht des Geistes, „das Licht, das in dir ist", von Gottes Wahrheit aus: und wie für den Leib das Auge die Leuchte ist, so ist es für den Geist das Herz, das nach Gottes Bild geschaffen ist. Ist das Herz gesund, so wird auch der Geist licht sein, alle geistigen Kräfte bewegen sich in diesem Lichte, Denken und Wollen empfangen vermöge des gesunden Herzens richtige Weisung und Leitung. Wenn aber das Herz krank und nicht fähig ist, die göttliche Wahrheit deinem Geiste zu vermitteln, wenn also „das Licht, das in dir ist", finster ist — wie groß wird dann die Finsternis selber sein", welche Nacht wird in dir herrschen, welche Irrwege wird dein Denken und Handeln gehn!

Dies innige Zusammengehn von Verstand und Gemüt fordert auch Hugo und überall und zu allen Zeiten findet er freudige Zustimmung: ihm und uns sind beide völlige Hingabe des Herzens an Gott und ernstes sittliches Streben notwendige Bedingung religiöser Erkenntnis. Das Interesse an der Erfassung göttlicher Wahrheit aber kann und darf kein ausschließlich theoretisches sein; ein rechter Mensch wird sie in stete Beziehung setzen zu seiner Beseligung und Heiligung und, indem er so Denken, Fühlen und Wollen zu einer wirksamen Einheit verbindet, den rechten Weg zu Gott finden.

So erscheint der Viktoriner auch in diesem Punkte seiner Erkenntnislehre als Pfadfinder und Bahnbrecher in seinem nur in Einseitigkeiten sich bewegenden Jahrhundert und doch mischt sich auch hier mit dem Wahren viel Unfertiges, Unklares und Verkehrtes. Und anders kann auch das **Gesamturteil über Hugo** und seine wissenschaftlichen Bestrebungen nicht lauten. Ein Kind seiner Zeit und in ihren Irrtümern befangen, greift er doch weit über sie hinaus, entscheidet, wenn er meist auch auf halbem Wege stehen bleibt, doch mit den Spitzen seiner Gedanken die höchsten Fragen und muß mit richtigem Gefühl ab offenbart die Einseitigkeiten seines Zeitalters nach Möglichkeit meidend, die herzquickende Fülle und Tiefe eines harmonisch gebildeten Geistes. Zwar läßt sich die Spur seiner Einwirkung auf seine Zeitgenossen und Nachkommen namentlich hinsichtlich seiner besten Gedanken nicht weit verfolgen; trotzdem aber sind seine Bestrebungen in der Bildungsreihe nie ganz verloren gegangen und haben, immer wieder aufs neue auftauchend, endlich der Wahrheit Bahn gebrochen. So bleibt Hugo inmitten der Zerrissenheit seiner Zeit der Mann, der das religiöse und theologische Bedürfnis seiner Zeit am tiefsten begriff und mit aller Kraft seines Geistes und Herzens die bessere Gestaltung in Wissenschaft und Leben anbahnen half, die erst die Reformation herbeiführte.

Schulnachrichten.

I. Lehrverfassung.

1. Uebersicht über die Lehrgegenstände und die für dieselben bestimmte Stundenzahl.

	VI	V	IV	IIIb	IIIa	IIb	IIa	I	Sa.
Religion	2/1	2	2	2	2	2	2	2	11
Deutsch	3	3	3	3	3	3	3	3	21
Latein	8	7	7	4/2	4/2	5	5	5	47
Französisch	—	5	5	4	4	4	4	4	22
Englisch	—	—	—	4	4	3	3	3	14
Geschichte und Geographie	3	3	4	4	4	3	3	3	20
Rechnen und Mathematik	5	4	5	5	5	5	5	5	39
Naturbeschreibung	2	2	2	2	2	2	—	—	8
Physik	—	—	—	—	—	3	3	3	6
Chemie	—	—	—	—	—	—	2	2	4
Schreiben	2	2	—	—	—	—	—	—	2
Zeichnen	2	2	2	2	2	2	2	2	10
Singen	2	2	2	2	2	2	2	2	2
Turnen	2	2	2	2	2	2	2	2	4
	32	34	34	36	36	36	36	36	210

2. Verteilung der Stunden unter die Lehrer.

Lehrer.	I	II	III	IV	V	VI	Sa.
Dr. Winter, Direktor, Ord. d. I.	3 Deutsch. 5 Latein. 3 Geschichte.		2 Religion. 4 lat. Lekt. (b)				17
Fastenrath, 1. Oberlehrer, Ord. d. II.	4 Französ.	4 Französ. 5 Math. (b)	4 Engl. (a) 4 Engl. (b)				21
Bindel, 2. Oberlehrer, Ord. d. III.	2 Religion.	2 Religion. 3 Deutsch.	4 Französ. 3 Deutsch (a)	5 Französ.	2 Religion.	1 Religion.	22
Küster, ord. Lehrer, Ord. d. IV.		5 Latein. (a)		7 Latein. 2 Geschichte.	7 Latein.		21
Morgenroth, ord. Lehrer.	3 Physik. 2 Chemie.	3 Physik. 2 Chemie (a)	2 Naturbsch. 5 Math. (b)	2 Naturbsch.		5 Rechnen.	24
Laumann, ord. Lehrer.	5 Math.	5 Math. (a) 2 Naturbsch. (b)	5 Math. (a)	5 Math.	2 Naturbsch.		24
Görcke, wiss. Hülfslehrer, Ord. d. VI.		5 Latein (b)	3 Deutsch. (b) 2 lat. Gr.			8 Latein. 3 Deutsch. 1 Geschichte.	22
Breimeier, Schulamts-Kand. Ord. d. V.	3 Engl.	3 Engl.	2 Geogr.	2 Geogr.	2 Geogr. 5 Französ. 3 Deutsch. 1 Geschichte.	2 Geogr.	23
Dr. Ferger, Schulamts-Kand.		2 Geschichte. 1 Geogr.	4 lat. Lekt. (a) 2 Geschichte.				9
Baum, technischer und Elementar-Lehrer.	2 Zeichnen.	2 Zeichnen. 2 Turnen.	2 Zeichnen.	2 Zeichnen. 2 Religion. 3 Deutsch.	4 Schreiben u. Zeichnen. 4 Rechnen. 2 Turnen.		27
			2 Singen.				210

Im Sommersemester waren von den obengenannten Lektionen an den Probekandidaten Denicke abgegeben worden: 5 St. Mathematik in IIb, 2 St. Naturbeschreibung in III und 2 St. Naturbeschreibung in den kombinierten VI und V.

3. Absolvierte Pensa.

Prima. Ordinarius: Der Direktor.

Religion. 2 St. Bindel. (Hagenbach, Leitfaden.) Evang. Matthäi. Kurzgefaßte Sittenlehre. Kirchengeschichte von 1216 bis Spener.

Deutsch. 3 St. Direktor. Gelesen: Sophokles' Antigone. Euripides' Iphigenie in Aulis in Schillers Bearbeitung. Göthes Iphigenie. Schillers Maria Stuart. Lessings Minna von Barnhelm. — Die Entwickelung der schönen Litteratur in Deutschland von Opitz bis Göthe. Uebungen im Disponieren. Aufsätze: 1. Vorfabel und Exposition in der Antigone. 2. Charakteristik der Hauptpersonen in der Antigone. 3. Weshalb mißlang den Römern die Unterwerfung der Germanen? 4. Gedankengang in Göthes Iphigenie. 5. Würdigung Uhlands nach Geibels Gedicht „Es ist ein hoher Baum gefallen". 6. Was erfahren wir aus der Exposition der „Maria Stuart" über die Vorgeschichte der Heldin des Stückes? 7. Mit welchem Recht nennt Heraklit den Krieg den Vater aller Dinge? 8. Charakteristik Leicesters in Schillers „Maria Stuart". 9. Wir sind Gäste nur auf Erden. 10. (Klausurarbeit.) Herder. Sein Lebensgang und seine Stellung in der Entwicklung unsrer Poesie.

Reiseprüfung Ost. 1889: Die Vertreter der Armee Friedrichs d. Gr. in Lessings Minna von Barnhelm.

Latein. 5 St. Direktor. (Beck, Grammat.) Gelesen: Tacitus, Germania; Ciceros Rede für Sext. Roscius; Horaz, 30 Oden; Vergil, Aeneis IV. 15 schriftl. Uebertragungen (abwechselnd häusliche und Klausurarbeiten) aus Livius XXII. Rep. der Formenlehre und Syntax. Rep. und Erweiterung der Verslehre.

Französisch. 4 St. Fastenrath. (Borel, Grammat.) Gelesen: Guizot, Essais sur l'histoire de France. Molière: Les femmes savantes. Mündliche Uebertragungen ins Französische aus Gutzkows „Zopf und Schwert" und aus der Grammatik. Vorträge. Aufsätze: 1a. La mort de Sigfried. b. Bataille de Hastings. 2. Philippe de Macédoine et Napoléon I. (Parallèle.) 3a. La part que la Prusse a eue dans la guerre d'indépedance de 1813—15. b. La bataille de Leipsick 1813. 4. La guerre de 7 ans. (Klausurarbeit.) 5. Le dragon de Rhodes. 6. Jules César. 7. La révolution anglaise et la révolution française. (Parallèle.) 8. Wallenstein.

Reiseprüfung Ost. 1889: Situation politique de l'Europe en 1811.

Englisch. 3 St. Breimeier. (Meffert, Gram. und Uebersetzungsbuch.) Gelesen: Shakespeare, Coriolanus; Macaulay, Critical and historical essays (Milton). Mündliche Uebungen. Vorträge.

Geschichte. 3 St. Direktor. (Herbst III.) Zeitalter Peters des Großen, Friedrichs des Großen und der Revolution; Entwicklung Deutschlands von 1815—1871. Repetitionen.

Mathematik. 5 St. Laumann. (Kambly, Stereom. u. Trigon.) Kombinationslehre. Binomischer Lehrsatz. Wahrscheinlichkeitsrechnung. Sphärische Trigonometrie. Gleichungen 2. Grades mit 2 Unbekannten. Kubische Gleichungen. Analytische Geometrie der Ebene.

Reiseprüfung Ost. 1889: 1. Von einem Punkte aus, dessen Koordinaten $x_1 = 7$, $y_1 = 1$ sind, sind Tangenten an den Kreis $x^2 + y^2 = 25$ gezogen. Wie groß ist die Sehne zwischen den beiden Berührungspunkten? 2. I. $2x^2 - 3xy = 9(x-2y)$. II. $x^2 - 3y^2 = 6(x-2y)$. 3. Die Höhe eines gleichschenkligen Dreiecks werde über die Grundlinie verlängert. Von Punkten der Verlängerung sollen Linien durch die Endpunkte der Grundlinie bis zu der Geraden, welche durch die Spitze parallel der Grundlinie läuft, gezogen werden. Welches von den erhaltenen umschriebenen Dreiecken hat das Minimum des Inhalts? 4. Von einem Dreieck sind gegeben: $b+c = a \cdot d$. $bc = p^2$ und Wink. a; bestimme die nicht gegebenen Stücke des Dreiecks. $d = 300$, $p^2 = 109647$, $\alpha = 73° 55' 57{,}2''$.

Physik. 3 St. Morgenroth. (Trappe, Schulphysik.) Galvanismus. Dynamik: Centralbewegung, Trägheitsmoment. Optik. Statik.

Reiseprüfung Ost. 1889. 1. Die sphärische Aberration des Lichtes am Hohlspiegel. 2. Auf 2 durch eine gerade Linie verbundene Punkte A und B, deren Abstand $d = 1{,}2$ m beträgt, wirken 2 gleichstimmige Kräfte $k_1 = 75$ kg und $k_2 = 18$ kg unter den Winkeln bezw. $\alpha = 123° 30'$ und $\beta = 147° 44'$. a. Wie groß ist die Resultierende? b. Wie weit von A liegt ihr Angriffspunkt? c. Welchen Winkel φ bildet sie mit AB?

Chemie. 2 St. Morgenroth. (Fischers Leitfaden.) Schwefel, Schweflige Säure, Schwefelsäure, Schwefelwasserstoff, Sulfide, Sulfate. Kieselsäure, Silikate. Borsäure, Borate. Atomtheorie.

Sekunda. Ordinarius: Oberlehrer Fastenrath.

Religion. 2 St. Bindel. (Hagenbach, Leitfaden.) Bibelkunde des N. T. Korintherbriefe. Kirchengeschichte von 1216 bis Spener.

Deutsch. 3 St. Bindel. (Hopf und Paulsiek, Lesebuch.) Gelesen: Schillers Jungfrau von Orleans und Wallenstein. Litteraturgeschichtliches im Anschluß an die Lektüre. Uebungen im Disponieren. Aufsätze:
1. IIa. Hoffen und Harren macht manchen zum Narren. IIb. Die Parabel von den drei Ringen. 2. IIa. Charakteristik des Königs in Göthes „Der Sänger" und Uhlands „Des Sängers Fluch". IIb. Die Kraniche des Ibykus (Disposition.) 3. (Klausurarbeit.) IIa. Göthes Erlkönig. IIb. Parallele zwischen den Balladen „Die Kraniche des Ibykus" und „Die Sonne bringt es an den Tag". 4. IIa. Erkenne dich selbst. IIb. Verlauft nicht die Haut des Bären, ehe ihr ihn gefangen habt. 5. (Klausurarbeit.) IIa. u. b. Die Verdienste Heinrichs I. um Deutschland. 6. IIa. Daß wir Menschen nur sind, der Gedanke beuge das Haupt dir, Doch daß Menschen wir sind, richte dich freudig empor. IIb. Einige Züge aus Wallensteins Charakter. 7. (Klausurarbeit.) IIa. u. b. Nach freier Wahl: Gedankengang des Prologs in „Wallensteins Lager", oder: (Gang der Handlung in „Wallensteins Lager". 8. IIa. Rudolf von Habsburg in deutschen Liedern. IIb. Exposition in „Die Piccolomini". 9. (Klausurarbeit). IIa. Isolani und Buttler. IIb. Die Exposition in „Wallensteins Tod."

Latein. IIa. 5 St. Küster. (Beck, Gram. und Uebungsbuch.) Gelesen: Livius I, Vergils Aeneis I. Verslehre. Rep. aus der Formenlehre und Syntax. IIb. 5 St. Görcke. (Lehrbücher wie in IIa.) Gelesen: Cäsars Bürgerkrieg III, Ovids Metam. IX, X. Gebrauch der Tempora und Modi. Das Wichtigste aus der Verslehre.

Französisch. 4 St. Fastenrath. (Plötz, Mantuel und Gram.) Gelesen: Abschnitte aus Plötz' Manuel und Thiers, Campagne d'Italie en 1800. Gram.: Plötz II, Lekt. 46—Schluß.

Englisch. 3 St. Breimeier. (Gesenius II.) Gelesen: William I, German Emperor, II, und: Goadby, The England of Shakespeare. Gram.: Artikel, Pluralbildung, Kasuslehre, Pronomina, Eigenschaftswort, Zahlwort, Adverbia, Präpositionen, Syntax des Verbs.

Geschichte. 2. St. Direktor; später: Dr. Ferger. (Herbst II.) Deutsche Geschichte bis 1648.

Geographie. 1 St. Direktor; später Dr. Ferger. Allgemeine Erdkunde. Rep. und Erweiterung der physikal. u. polit. Geogr. der 5 Erdteile.

Mathematik. IIa. 5 St. Laumann. (Kambly, Stereom. u. Trigonom.) Arithmetische und geometr. Reihen. Zinseszinsrechnung. Trigonometrie. Quadratische Gleichungen mit 2 Unbekannten. Stereometrie. IIb. 5 St. Fastenroth. (Lehrbücher wie in IIa.) Geometrie: Kambly, § 153—Schluß. Logarithmen. Quadratische Gleichungen. Trigonometrie.

Physik. 3 St. Morgenroth. (Trappe, Schulphysik). Aerostatik. Akustik. Optik. Magnetismus. Elektricität.

Chemie. IIa. 2 St. Morgenroth. (Fischers Leitfaden.) Luft, Wasser, Salzsäure, Ammoniak. Oxyde, Säuren, Basen, Salze.

Naturbeschreibung. IIb. 2 St. Laumann. (Lennis, Naturgesch.) Bau und Leben der Pflanze. Organe des Menschen und der Tiere nach Bau und Thätigkeit.

Tertia. Ordinarius: Oberlehrer Bindel.

Religion. 2 St. Direktor. Gesch. des alten Bundes von den Königen bis zum Untergange des Reichs. Kirchenjahr. Das Leben Jesu. Das 4. u. 5. Hauptstück. Die wichtigsten Ereignisse der Reformation. 12 Kirchenlieder repetiert, 6 neu gelernt.

Deutsch. IIIa.: 3 St. Bindel, IIIb.: 3 St. Görcke. Lektüre und Erklärung poetischer und prosaischer Stücke aus Paldamus' Lesebuch V. In O. III außerdem Lektüre von Schillers Wilhelm Tell. — Rep. und Erweiterung des grammatischen Pensums der Unterklassen. Memorieren von Gedichten. Aufsätze.

Latein. Gram.: IIIa. und b. kombiniert, 2 St. Görcke. (Beck, Gram. und Uebungsbuch.) Tempuslehre, Folge der Zeiten, Indikativ und Konj. in Nebensätzen. Rep. der unregelmäßigen Verba. Lektüre: IIIa. 4 St. Dr. Ferger. Cäsars gallischer Krieg II, V und VI. IIIb. 4 St. Direktor. Cäsars gallischer Krieg V und VI.

Französisch. 4 St. Bindel, (Plötz, Manuel und Gram.) Gelesen: Michaud, 1re croisade. Gram. Plötz II, Lekt. 1—23 und 29—33. Für IIIa. außerdem: Lekt. 24—28 und 34—45.
Englisch. IIIa. 4 St. Fastenrath. (Gesenius I. Süpfles Chrestomathie.) Gelesen: Abschnitte aus Süpfle. Gram. Gesenius, Lekt. 15—Schluß.
IIIb. 4 St. Fastenrath. (Lehrbücher wie in IIIa.) Lektüre aus dem Anhange des Gesenius. Gram. Gesenius Lekt. 1—14.
Geschichte. 2 St. Fastenrath, nachher Dr. Ferger. (Cauers Tabellen.) Mittlere Gesch. bis 1648.
Geographie. 2 St. Breimeier. (Daniel, Lehrbuch.) Die Staaten Europas mit Ausnahme Deutschlands.
Mathematik. IIIa. 5 St. Laumann. (Kambly, Geom. und Arithmet.) Potenzen und Wurzeln. Gleichungen 1. Grades mit 2 Unbekannten. Vergleichung des Flächeninhalts geradliniger Figuren. Aehnlichkeitslehre. IIIb. 5 St. Morgenroth. (Lehrbücher wie in IIIa.) Proportionen. Gleichungen 1. Grades mit einer Unbekannten. Vierecke. Kreislehre. Rechnen: Krancke, Abschn. 11 und 12.
Naturbeschreibung. 2 St. Morgenroth. (Bail, Methodischer Leitfaden.) Natürliche Pflanzenfamilien und deren Gruppierung. Das de Candollesche Pflanzensystem. Die Kreise der wirbellosen Tiere, speziell der Arthropoden.

Quarta. Ordinarius: 1. ord. Lehrer Küster.

Religion. 2 St. Baum. (Bodemann, Bibl. Gesch.) Weitere Ausführung der Bibl. Gesch. des A. u. N. T. Geographie von Palästina. Das 3. Hauptstück. 6 Lieder wurden neu gelernt.
Deutsch. 3. St. Baum. (Balbamus, Lesebuch IV.) Lektüre und Erklärung poetischer und prosaischer Stücke des Lesebuchs. Lehre vom zusammengesetzten Satz. Memorieren von Gedichten. Aufsätze und Diktate.
Latein. 7 St. Küster. (Beck, Gram. und Uebungsbuch.) Gelesen: Biographieen aus Nepos. Gram.: Städtenamen, die Dasi-Sätze, Fragesätze, pronom. reflexivum, einiges aus der Kasuslehre.
Französisch. 5 St. Bindel. (Plötz, Methodisches Lese- und Uebungsbuch. Plötz, Kurzgefaßte systemat. Gram.) Lektüre: Auswahl aus Plötz' Lesebuch. Gram.: Unregelmäßige Verba.
Geschichte. 2 St. Küster. (Cauers Tabellen.) Griechische und römische Geschichte.
Geographie. 2 St. Breimeier. (Daniel, Leitfaden.) Die außereuropäischen Erdteile. Rep. und Erweiterung der mathematischen Geogr.
Mathematik und Rechnen. 5 St. Laumann. (Kambly und Krancke.) Lehre von den geraden Linien, geradlinigen Winkeln und den Dreiecken. Propädeutischer Unterricht in der Arithmetik. — Rechnen: Krancke, Abschn. 9 und 10.
Naturbeschreibung. 2 St. Morgenroth. (Bail, Methodischer Leitfaden.) Beschreibung und Vergleichung schwierigerer Pflanzenarten. Das Linnésche System. System der Wirbeltiere. Ueberblick über die Wirbellosen.

Quinta. Ordinarius: Kandidat Breimeier.

Religion. 2 St. kombiniert mit Sexta, Bindel. (Bodemann, Bibl. Gesch.) 20 bibl. Geschichten des N. T. 6 Lieder. Sprüche. Das 2. Hauptstück. Kirchenjahr.
Deutsch. 3 St. Breimeier. (Baldamus, Lesebuch III.) Lektüre und Erläuterung poetischer und prosaischer Stücke des Lesebuchs. Lehre vom erweiterten Satz. Interpunktionsregeln. Memorieren von Gedichten. Diktate.
Latein. 7 St. Küster. (Beck, Gram. und Uebungsbuch.) Unregelmäßige Komparation; pronom. relat., interrogativa, indefinita. Präpositionen. Deponentia; unregelmäßige Verba. Arten der Nebensätze. Acc. c. inf. u. abl. abs.
Französisch. 5 St. Breimeier. (Lehrbücher wie in Quarta.) Avoir, être. Regelmäßige Konjugation. Zahlwörter. Komparation. Frageform. Pronomina. Veränderung des Part. Perf. Teilungsartikel. Appositiver Genitiv.

Geschichte. 1 St. Breimeier. Charakterbilder aus der mittleren und neueren Gesch. (Armin, Karl b. Gr., Heinrich I., Otto I., Friedrich Barbarossa, Friedrich I. von Brandenburg, Kolumbus, Gustav Adolf, der große Kurfürst, Friedrich Wilhelm I., Friedrich b. Gr., Blücher, Kaiser Wilhelm I.)
Geographie. 2 St. Breimeier. (Daniel, Leitfaden.) Das Wichtigste aus der mathematischen Geogr. Physik. u. polit. Geogr. Europas.
Rechnen. 4 St. Baum. (Krancke II.) Dezimalbrüche. Zerlegen in Primfaktoren. Verhältnis- und Kettenregel. Warenberechnungen. Monatlich 1 Stunde Zeichnen mit Lineal und Zirkel als Vorübung für das geom. Pensum der Quarta.
Naturgeschichte. 2 St. kombiniert mit Sexta. Laumann. (Bail, Methodischer Leitfaden.) Beschreibung von Pflanzenarten zum Zwecke der Bildung des Gattungsbegriffes, desgleichen von Wirbeltieren.

Sexta. Ordinarius: Wiss. Hülfslehrer Görcke.

Religion. 2 St. kombiniert mit Quinta, s. Quinta. 1 Stunde für Sexta allein. Bindel. (Bodemann, Bibl. Gesch.) Das 1. Hauptstück. 20 bibl. Geschichten des A. T. 4 Lieder. Sprüche.
Deutsch. 3 St. Görcke. (Balbanus Lesebuch II.) Lektüre und Erklärung poetischer und prosaischer Stücke des Lesebuchs. Wortklassen. Einfacher Satz. Memorieren von Gedichten. Diktate.
Latein. 8 St. Görcke. (Beck, Gram. und Uebungsbuch.) Die 5 Deklinationen. Regelmäßige Konjugation. Subjekt, näheres und entferneres Objekt, Arten des Prädikats. Zahlwörter. Regelmäßige Komparation. Einige Pronomina.
Geschichte. 1 St. Görcke. Griechische und deutsche Sagen.
Geographie. 2. St. Breimeier. (Daniel, Leitfaden.) Heimatskunde. Uebersicht über die Prov. Hannover, über Deutschland, über die 5 Erdteile.
Rechnen. 5 St. Morgenroth. (Krancke I.) Die 4 Spezies mit benannten und unbenannten Zahlen. Bruchrechnung. Zeitrechnung.
Naturbeschreibung. s. Quinta.

Schüler katholischer Konfession waren nur in den Klassen Sexta bis Tertia inkl. vorhanden. Denselben erteilte den katholischen Religionsunterricht in 2 wöchentlichen Stunden Herr Lehrer Esbers von der katholischen Volksschule.

Technischer Unterricht. Schreiben. Quinta und Sexta kombiniert. 2 St. Baum. Schönschreiben nach den Vorschriften der Schreibhefte von Oppermann. Zeichnen. Baum. In jeder Klasse 2 Stunden.
VI. Richtung, Länge und Teilung der Strecken; Größe und Teilung der Winkel; die Elemente der Formenlehre.
V. Kreis, Teilung desselben, Ellipse, Spirale, Schneckenlinie; flächenornamentale Zusammenstellungen dieser Linien; Elemente der Farbenlehre.
IV. Naturblätter und stilisierte Blätter; Anordnung derselben zum Flächenornament.
IIIb. Das Draht- und Vollmodell einfacher geometrischer Körper. Griechische und römische Flächenornamente.
IIIa. Freihandz.: Schwierigere Körper und Körpergruppen. Flächenornamente der Renaissance.
Geometr. Z.: Die gebräuchlichsten geometrischen Konstruktionen.
IIb. Freihandz.: Farbige kunstgewerbliche Flächenornamente.
Geometr. Z.: Projektionslehre.

IIa. **Freihandz.**: Einfache Formen nach Gipsmodellen.
Geometr. Z.: Angewandte Projektion und Axonometrie.
I. **Freihandz.**: Architektonische Glieder, plastische Ornamente der verschiedensten Stile.
Geometr. Z.: Licht- und Schattenlehre; Centralraumprojektion.
Singen. Baum. 2 Abteilungen: Prima und Sekunda 1 St., Tertia bis Sexta 1 St. wöchentlich. In jeder 3. Stunde Vereinigung beider Abteilungen zum Chorgesang.
Turnen. Baum. Die Klassen Prima, Sekunda und Tertia turnten im S.-Semester in 2 wöchentlichen Stunden; im W.-Semester wurden sie in 2 Abteilungen geteilt, von denen jede 1 St. wöchentlich turnte. Die Klassen Quarta, Quinta und Sexta turnten in beiden Semestern in 2 wöchentlichen Stunden.

Eine Dispensation vom Religionsunterricht ist in dem verflossenen Schuljahre nicht nachgesucht worden.

II. Aus den Verfügungen der vorgesetzten Behörden.

1. Verf. b. K. Pr.-Sch.-Koll. v. 7. 3. 88 gestattet dem Schulamts-Kandidaten Denicke am Realgymnasium zu Quakenbrück sein Probejahr abzuleisten.
2. Verf. b. K. Pr.-Sch.-Koll. v. 10. 3. 88. Der Probandus Brouer wird zum 1. April an das Gymnasium nach Lingen versetzt.
3. Verf. b. K. Ministeriums v. 12. 3. 88. Ermächtigung, am 22. März eine Trauerfeier für weiland Kaiser und König Wilhelm I. zu veranstalten.
4. Verf. b. K. Pr.-Sch.-Koll. v. 21. 3. 88 genehmigt den eingereichten Lehrplan für 1888/89.
5. Verf. b. K. Ministeriums v. 3. 3. 88 verlangt Bericht über etwa vorhandene vorgeschichtliche Sammlungen.
6. Verf. b. K. Ministeriums v. 12. 3. 88 empfiehlt für die Bibliothek die Anschaffung von Jahns Werken, herausgegeben von Prof. Dr. Euler.
7. Verf. b. K. Ministeriums v. 10. 4. 88. Ein Exemplar von „Regeln", betr. die Erhaltung von Altertümern, wird übersandt.
8. Verf. b. K. Pr.-Sch.-Koll. v. 1. 6. 88. Fünf Themata für die nächste Direktorenkonferenz sind einzusenden.
9. Verf. b. K. Ministeriums v. 21. 6. 88. Ermächtigung, am 30. Juni eine Trauerfeier für weiland Kaiser und König Friedrich III. zu veranstalten.
10. Verf. b. K. Pr.-Sch.-Koll. v. 23. 6. 88 teilt mit, daß der Dirigent der Central-Turnanstalt in Berlin, Professor Dr. Euler, bemnächst den Turnunterricht inspizieren wird.
11. Verf. b. K. Ministeriums v. 11. 4. 88. Ein die Einrichtung der Subsellien betreffendes Gutachten wird zugesandt.
12. Verf. b. K. Ministeriums v. 23. 7. 88 ordnet auf Grund eines Allerhöchsten Erlasses an, daß fortan die Geburts- und Todestage der hochseligen Kaiser Wilhelm I. und Friedrichs III. als vaterländische Gedenktage in den Schulen begangen werden. Doch ist der Unterricht an diesen vier Tagen nicht auszusetzen.
13. Verf. b. K. Pr.-Sch.-Koll. v. 6. 8. 88 fordert Bericht über diejenigen Einrichtungen der Schule, welche für die Gesundheit der Schüler in Betracht kommen.

14. Verf. d. K. Pr.-Sch.-Koll. v. 15. 8. 88 genehmigt eine zweitägige Turnfahrt mit den Schülern der drei oberen Klassen.
15. Verf. d. K. Pr.-Sch.-Koll. v. 17. 9. 88. Ein Exemplar der Schrift „9 Aktenstücke zum Regierungsantritte Kaiser Wilhelms II." wird zugesandt zur Einhändigung an einen reiferen Schüler.*)
16. Verf. d. K. Pr.-Sch.-Koll. v. 1. 10. 88 genehmigt den Antrag des Direktors, die beiden Tertien in den 4 Stunden lateinischer Lektüre getrennt zu unterrichten.
17. Verf. d. K. Pr.-Sch.-Koll. v. 18. 10. 88 genehmigt die Aufnahme eines Ausländers als Hospitanten.
18. Verf. d. K. Pr.-Sch.-Koll. v. 7. 11. 88 giebt Vorschriften über Anordnung und Inhalt der 3jährigen Verwaltungsberichte.
19. Verf. d. K. Pr.-Sch.-Koll. v. 20. 11. 88 teilt mit, daß der ordentliche Lehrer Laumann für das Mobilmachungsjahr 1889/90 für unabkömmlich erklärt worden ist.
20. Verf. b. Kuratoriums v. 7. 12. 88 erklärt sich damit einverstanden, daß der Direktor beantrage, es möge fortan an 8 bisher schulfreien Nachmittagen unterrichtet werden.
21. Verf. d. K. Pr.-Sch.-Koll. v. 11. 12. 88 genehmigt den Antrag des Direktors, daß künftig an 8 bisher schulfreien Nachmittagen unterrichtet werde.**)
22. Verf. d. K. Pr.-Sch.-Koll. v. 21. 12. 88. Der Schulamtskandidat Behrens aus Verden wird der Anstalt zugewiesen, um an ihr von Ostern 1889 ab sein Probejahr abzuleisten.
23. Verf. d. K. Pr.-Sch.-Koll. v. 31. 12. 88. Zur Reifeprüfung des Ostertermins 1889 werden die drei angemeldeten Oberprimaner zugelassen.
24. Verf. d. K. Pr.-Sch.-Koll. v. 4. 2. 89 setzt unter Bezugnahme auf die Ministerial-Verfügung vom 3. 4. 88 diejenigen Verfügungen, welche den den Lehrern zustehenden Züchtigungsrechte hinsichtlich des Maßes oder der Art seiner Ausübung engere Grenzen ziehen, als es die bestehenden Gesetze thun, ausdrücklich außer Kraft. Es wird dabei der Ueberzeugung Ausdruck gegeben, daß nach dieser Richtung hin die Vorsteher der Anstalten mit ihren Lehrerkollegien bindende Verabredungen treffen werden.

III. Chronik der Anstalt.

Behörden. Am 11. Mai 1888 starb der Bürgermeister unserer Stadt, Herr Justizrat Lange. In seiner langjährigen Stellung als Syndikus, später als Bürgermeister, hat er für die Gründung und Fortentwickelung unserer Schule stets mit Eifer und Verständnis gearbeitet. Unermüdlich thätig, klar und besonnen in seinem Urteil und von großer Herzensgüte, verstand er es, in einer Weise zu raten, zu vermitteln und die Geschäfte zu führen, welche ihm den Dank und die Anerkennung aller derer, die mit ihm zur Arbeit an unserer Anstalt und für dieselbe berufen waren, noch lange über das Grab hinaus sichert.

Aus dem Kuratorium schied zu allseitigem großen Bedauern der Landrat unseres Kreises, Freiherr von Hammerstein-Loxten, infolge seiner Erwählung zum Landesdirektor der Provinz Hannover wieder aus, nachdem er nur ein Jahr und zwar als Vertreter des staatlichen Kompatronats der genannten Behörde angehört

---

*) Wurde dem Oberprimaner Karl Hehe zuerkannt.
**) Es fiel bis dahin auch für die Schüler evangelischer Konfession der Nachmittagsunterricht an folgenden 6 katholischen vollen Feiertagen aus: Frohnleichnam, Peter und Paul, Mariä Himmelfahrt, Mariä Geburt, Allerheiligen, Mariä Empfängnis. Ferner fiel bis dahin der Nachmittagsunterricht für alle Schüler an den 4 Markttagen aus. Durch genannte Verfügung wurde genehmigt, daß die evangelischen Schüler an den 6 Nachmittagen der genannten Feiertage, und daß alle Schüler an den Nachmittagen der 2 weniger bedeutenden Märkte künftig unterrichtet würden. Es bleiben dennoch auch künftig schulfrei die Nachmittage des Mai- und Oktobermarktes. Ganz schulfrei bleiben ferner nach wie vor für die Schüler beider Konfessionen des 6. Januar, der 2. Februar, der 25. März und der 24. Juni, da diese Tage von beiden Konfessionen in unserer Stadt durch kirchlichen Gottesdienst gefeiert werden.

hatte. An die Stelle des durch Tod ausgeschiedenen — wie im vorjährigen Programm bereits mitgeteilt war — Herrn Superintendenten Schäfer trat der neu gewählte pastor primar. unserer Stadt, Herr Dr. phil. Rebattu. Das Kuratorium besteht demnach, da die Stelle des Kompatronatsvertreters nicht wieder besetzt ist, zur Zeit aus dem Herrn Senator Kommerzienrat Schröber, dem Vertreter des städtischen Patronats, Vorsitzendem, und dem Direktor als ständigen, sodann aus den Herren Bürgervorsteher-Wortführer Theis, Kaufmann Juel, Pfarrer Dreesmann und Pastor Dr. Rebattu als nichtständigen Mitgliedern.

Veränderungen im Lehrerkollegium. Herr Brouer, der im Wintersemester 1887/88 hier als Probandus thätig gewesen war, wurde zu Ostern 1888 an das Gymnasium zu Lingen versetzt. Während des Sommersemesters 1888 war Herr Denicke aus Bremerhafen als Probandus an unserer Schule beschäftigt. Er verließ uns zu Michaelis und schied gleichzeitig aus seinem Berufe aus, um zum Steuerfach überzugehen. Herr Dr. Ferger, der für die ersten Wochen des Schuljahres zu einer militärischen Uebung einberufen worden war, wurde nach den Sommerferien auf seinen Wunsch und mit Genehmigung des Kgl. Provinzial-Schul-Kollegiums wiederum aushülfsweise beschäftigt. Die zweite ordentliche Lehrerstelle war auch im abgelaufenen Schuljahre noch nicht wieder besetzt. Jetzt hat auf Antrag des Magistrats das Kgl. Provinzial-Schul-Kollegium genehmigt, daß vom 1. April d. J. ab in die genannte Stelle der 3. ord. Lehrer, Herr Morgenroth, in dessen Stelle der 4. ord. Lehrer, Herr Laumann, in dessen Stelle der bisherige wissenschaftliche Hülfslehrer, Herr Görcke, und endlich in dessen Stelle der Kandidat des höheren Schulamts, Herr Breimeier, der bisher aushülfsweise zum Ersatz für die fehlende Lehrkraft gegen Remuneration beschäftigt gewesen war, einrückt.

Gesundheitszustand. An der ansteckenden follikularen Augenentzündung, die in Osnabrück zur Schließung mehrerer Schulen geführt und sich von dort nordwärts ausgebreitet hatte, erkrankten bei uns in den letzten Tagen des August 26 Schüler. Von einer Schließung der Schule wurde Abstand genommen, da das ärztliche Gutachten darauf hinwies, daß in diesem Falle durch die answärtigen Schüler die Krankheit nach Gegenden verschleppt werden würde, in denen sie noch nicht aufgetreten sei. Auf Grund wiederholter von der Polizeibehörde angeordneter ärztlicher Untersuchungen konnten schon nach 8 bis 14 Tagen die Erkrankten als genesen zum Schulbesuch wieder zugelassen werden. Eine weitere Ausbreitung der Krankheit fand nicht statt. Im Uebrigen war der Gesundheitszustand der Schüler wie der Lehrer normal. Ein lieber Schüler, der Untersekundaner Franz Klönne aus Rüschendorf bei Damme, der erst zu Ostern 1888 eingetreten war, wurde uns leider durch den Tod entrissen. Er erkrankte während der Sommerferien im Elternhause am Typhus und starb am 25. August.

Ferien, Prüfungen, Revisionen. Die Pfingstferien dauerten vom 19. bis 23. Mai, die Sommerferien vom 5. Juli bis 1. August, die Herbstferien vom 27. September bis 10. Oktober, die Weihnachtsferien vom 23. Dezember bis 6. Januar. — Die mündliche Reifeprüfung des Ostertermins 1889 fand am 26. März unter dem Vorsitze des Geheimen Regierungs- und Provinzial-Schul-Rats Herrn Dr. Breiter aus Hannover statt. — Am 21. August 1888 inspizierte im Auftrage des Herrn Kultusministers Herr Professor Dr. Euler, Dirigent der Central-Turnanstalt in Berlin, den Turnunterricht. Er wohnte den Freiübungen wie dem Geräteturnen beider Abteilungen bei, griff anregend und belehrend in den Gang des Unterrichts ein und nahm schließlich die „Turnhalle" eingehend in Augenschein.

Schülerfeste. Am 24. und 25. August fand die durch Herrn Küster umsichtig vorbereitete Turnfahrt der drei oberen Klassen statt. Dem Genannten schlossen sich noch die Kollegen Bindel und Bann an. Der Frühzug führte die Teilnehmer über Osnabrück nach Melle, dann gings zu Fuß nach dem Wiehengebirge, dessen schönste Punkte besucht wurden. In Lübbecke i. W. wurde Nachtquartier gemacht. Am zweiten Tage wurde nach anstrengendem Marsche Oeynhausen erreicht, hier mehrere Stunden ausgeruht und dann auf der Eisenbahn nach Quakenbrück zurückgefahren. Gleichzeitig (am 24. August) hatten die Schüler der unteren Klassen unter Führung des Herrn Morgenroth, dem sich die Kollegen Görcke, Breimeier und Dr. Ferger anschlossen, einen Ausflug über Badbergen, Wehdel und Helle nach Gehrde gemacht. Von Bersenbrück aus wurde zur Rückkehr nach Hause die Eisenbahn benutzt.

Die von Herrn Küster geleitete Musikkapelle unserer Schule veranstaltete am 12. Februar d. J. im Saale des Herrn Thöle ein Konzert, welches sich auch diesmal wieder einer lebhaften Beteiligung seitens des Publikums zu erfreuen hatte. Zum Vortrag gelangten u. a.: Zug der Frauen aus Lohengrin von Wagner

(Piano à 8 ms.), Ständchen von Schubert (Piano, Violine, Harmonium), Gebet aus Kreutzers Nachtlager (Hornquartett), Marsch und Gruß an Sachs a. b. Meistersingern von Wagner (Piano, 2 Violinen, Cello, Harmonium). Ein beträchtlicher Teil der Einnahme wurde von den Mitgliedern der Kapelle zur Anschaffung einer Büste*) Kaiser Wilhelms II. bestimmt. Diese mit herzlichem Danke entgegengenommene Gabe aus Schülerkreisen schmückt jetzt zwischen den beiden der Schule vorher schon zum Geschenk gemachten Photographien der hochseligen Kaiser Wilhelm und Friedrich die Wand über der Rednerbühne in unserer Aula.

Schulakte. Da der vorjährige Bericht am 9. März 1888, dem Tage, an welchem der hochselige Kaiser Wilhelm I. von uns schied, abgeschlossen wurde, so ist an dieser Stelle zunächst nachträglich der Feierlichkeiten zu gedenken, zu welchen wir uns aus Anlaß jenes erschütternden Ereignisses vereinigten. Nachdem sich bereits am 16. März das Lehrerkollegium mit sämtlichen evangelischen Schülern an dem Trauergottesdienste in der Sylvesterkirche, gleichzeitig die katholischen Schüler an dem in der katholischen Kirche beteiligt hatten, fand am Vormittage des 22. März in unserer Aula, die dem Ernste des Tages entsprechend ausgeschmückt war, eine Trauerfeier statt, zu der sich die Vertreter der staatlichen und städtischen Behörden sowie zahlreiche Freunde der Anstalt eingefunden hatten. Choral, Gebet, Gesang einer Motette gingen der von dem Direktor gehaltenen Gedächtnisrede voran; Vortrag einiger Lieder und die Entlassung der Abiturienten schlossen sich an. In ganz ähnlicher Weise verlief am 30. Juni die Gedächtnisfeier für den hochseligen Kaiser Friedrich; bei dieser hielt Herr Oberlehrer Fastenrath die Gedächtnisrede. Bei beiden Feierlichkeiten wurde das die Feier einleitende Gebet von Herrn Oberlehrer Biubel gesprochen.

Von einer besonderen Schulfeier des im vorigen Jahre auf einen Sonntag fallenden Tages von Sedan wurde diesmal abgesehen, zumal die Schule sich wie sonst an dem allgemeinen, am Sonntag, den 9. September, gefeierten Erinnerungsfeste auf dem Schützenhofe beteiligte.

Zu einer gemeinsamen Abendmahlsfeier vereinigten sich am Nachmittage des 25. November (Totenfest) die Lehrer der Anstalt mit ihren Familien und zahlreichen hiesigen wie auswärtigen Schülern der oberen Klassen.

Der Geburtstag unseres Kaisers und Königs Wilhelms II. wurde bereits am Sonnabend, den 26. Januar d. J., durch einen öffentlichen Festakt in der Aula gefeiert, bei welchem der Direktor ein Bild des Lebensganges Sr. Majestät entwarf.

---

*) Gipsbüste (mit Konsole) in mehr als Lebensgröße, bezogen von Gebr. Micheli in Berlin.

IV. Statistische Mitteilungen.

1. Uebersicht der Frequenz im Schuljahre 1888/89.

	O.I	U.I	O.II	U.II	O.III	U.III	IV	V	VI	Sa.
1. Bestand am 1. Februar 1888	5	8	12	17	17	20	10	14	7	110
2. Abgang bis zum Schluß des Schuljahres 1887/88	5	1	6	10		5		2		29
3.a Zugang durch Versetzung zu Ostern	4	6	6	17	12	10	10	7		72
3.b Zugang durch Aufnahme zu Ostern		1	1	2	6	2	5	4	14	35
4. Frequenz am Anfange des Schuljahres 1888/89	4	10	7	20	18	15	15	13	14	116
5. Zugang im Sommersemester				1						1
6. Abgang im Sommersemester	1	4		3	1	2		1		12
7.a Zugang durch Versetzung zu Michaelis	1							1		2
7.b Zugang durch Aufnahme zu Michaelis	1	4			1	1	2	2	1	12
8. Frequenz am Anfange des Wintersemesters	5	9	7	18	18	14	17	15	14	117
9. Zugang im Wintersemester							1			1
10. Abgang im Wintersemester	1									1
11. Frequenz am 1. Februar 1889	4	9	7	18	18	15	17	15	14	117
12. Durchschnittsalter am 1. Februar 1889	19¾	18¾	19	17	15½	15	13½	12	10½	

2. Religions- und Heimatsverhältnisse der Schüler.

	Ev.	Kath.	Diss.	Juden	Einh.	Ausw.	Ausl.
1. Am Anfang des Sommersemesters	103	10	—	3	43	53	20
2. Am Anfang des Wintersemesters	108	8	—	1	43	54	20
3. Am 1. Februar 1889	108	8	—	1	43	54	20

Das Zeugnis für den einjährig-freiwilligen Militärdienst haben erhalten zu Ostern 1888: 16, zu Michaelis 1888: 1 Schüler. Davon sind zu einem praktischen Berufe übergegangen: 10.

3. Uebersicht über die Abiturienten.

Name	Geburts- Tag	Ort	Konf.	Stand des Vaters	Aufenthalt in der Schule Prima		Erwählter Beruf.
1. Heye Karl*)	13. Mai 1871	Quakenbrück.	ev. l.	† Fabrikant	9	2	Forstfach.
2. Eylmann Stephan	31. Mai 1868	Krautsand, Kreis Stade.	ev. l. ev.	†Gemeindevorsteher und Hofbesitzer	2¼	2¼	Militärlaufbahn.
3. Fortmann Georg	1. Dezbr. 1868	Bremervörde	l.	Rentner	2½	2	Studium der Chemie.

V. Sammlungen von Lehrmitteln.**)

1. **Geschenkt wurden:** Vom Kgl. Kultusministerium: Publikationen aus den preußischen Staatsarchiven, Bd. 34—37; Nordenflycht, Die Satiren und Episteln des Horaz; Avé-Lallement, Das Leben des Jungius und Die Pflanzenwelt der Tropen. Von den betreffenden Verlagsbuchhandlungen: Gallien, Lat. Grammatik für Realgymnasien; Süpfle, Franz. Lesebuch. Vom naturwissenschaftlichen Verein in Bremen: Bd. 10 der Abhandlungen des Vereins. Vom Kgl. Prov.-Schul-Kollegium in Hannover: Verhandlungen der 5. Hannoverschen Direktoren-Versammlung. Außerdem: Hinzpeter, Kaiser Wilhelm II.

Für unser physikalisches Kabinet schenkte Herr Kaufmann Schriever hier eine Batterie von fünf Bunsen-Elementen und eine Glühlampe; für die Naturaliensammlung der Quartaner Hegewisch einige Muscheln.

Für alle genannten Zuwendungen spricht der Unterzeichnete den Gebern hierdurch im Namen der Schule den verbindlichsten Dank aus.

2. **Aus etatsmäßigen Mitteln wurden angeschafft:**

a) Für das physikalische Kabinet und die Naturaliensammlung: Modell der Baucheingeweide des Menschen. Eine Influenzmaschine. Fortsetzung der zoologischen Wandtafeln von Leuckart.

b) Für die Lehrerbibliothek: Herzog Ernst II von Koburg-Gotha, Aus meinem Leben. Miller, Die Weltkarte des Castorius (Peutingersche Tafel.) Ranke, Weltgeschichte, Bd. 8 u. 9. Deutsche Dichter des Mittelalters (Brockhaussche Sammlung.) Puritz, Turnerische Uebungen. Maul, Turnübungen. Umlauft, Geogr. Rundschau, Bd. 10 u. 11, 1—6. Mathematische Annalen, Bd. 31 u. 32, 1. Ratzel, Völkerkunde, Lief. 25 — Schluß. Herrigs Archiv, Bd. 81 u. 82. Herbst, Encyklopädie der neueren Geschichte, Lief. 37—40. Grimm, Wörterbuch, 3 Lieferungen. Oncken, Allgemeine Geschichte, Lief. 106 u. ff. Kern, Göthes Lyrik. Staatshandbuch der Prov. Hannover.

c) Für die Schülerbibliothek: Pederzani, Kynstudt. Höcker, Kaiser Friedrich. Pederzani, Der Einsiedler von St. Michael. Bruneck, Fritz Ohlsen. Lang, Aus schwäbischen Gauen. Rothenberg, Unter deutscher Flagge. Ohorn, Der Eisenkönig. Oppel, Abenteuer des Kapitän Mago. Werner, Drei Monate an der Sklavenküste. Roth, Pestalozzi. Mohl, Die Boers. Neues Universum, 3 Bde.

---

*) Wurde von der mündlichen Prüfung dispensirt.

**) Lehrer- und Schülerbibliothek wurden von Herrn Küster, das physikalische Kabinet und das chemische Laboratorium von Herrn Morgenroth verwaltet. Die Lehrerbibliothek ist im abgelaufenen Schuljahr von 1418 auf 1453, die Schülerbibliothek von 1185 auf 1260 Nummern gestiegen.

Deutscher Jugendfreund, 3 Bde. Außerdem mehrere Bändchen aus der Hoffmannschen Sammlung der vaterländischen Geschichtsbibliothek und der deutschen Jugendbibliothek. Buch der Erfindungen, Bd. 20. 21.

d) Für den Zeichenunterricht: Jakobsthal, Grammatik der Ornamente, zweite Hälfte.

VI. Stiftungen; Unterstützungen von Schülern.

Nicht vorhanden bezw. haben nicht stattgefunden.

VII. Mitteilungen an die Schüler und an deren Eltern.

Berechtigungen des Realgymnasiums.

I. Im Civildienste.

Das Reifezeugnis berechtigt:
1. Zum Besuch der Universität im allgemeinen; zur Immatrikulation bei der philosophischen Fakultät und zum examen pro facultate docendi in der Mathematik, den Naturwissenschaften und den neueren Sprachen.
2. zum Studium des Bau- und Maschinenfachs auf den Königl. technischen Hochschulen zu Berlin, Hannover und Aachen und zu den Staatsprüfungen des Hochbau-, Bau-, Ingenieur- und Maschinenwesens.
3. zum Studium auf den Königl. Bergakademien zu Berlin und Clausthal sowie auf der Bergbauabteilung der Hochschule in Aachen und zu den Prüfungen für die oberen Aemter der Berg-, Hütten- und Salinenverwaltung.
4. zum Studium auf den Königl. Forstakademien zu Eberswalde und Münden und zu den Prüfungen für die oberen Stellen des Königl. Forstverwaltungsdienstes.
5. zu den Prüfungen für die höheren Postverwaltungsstellen.

Das Zeugnis über den erfolgreichen einjährigen Besuch der Prima berechtigt:
1. zu Stellen der Verwaltung der indirekten Steuern.

Das Zeugnis über die Reife für die Prima berechtigt:
1. zum Justiz-Subalterndienst.
2. zum Studium der Tierheilkunde.
3. zur Approbation als Zahnarzt.
4. zur Zulassung auf die höheren landwirtschaftlichen Lehranstalten.
5. zum Civilsupernumerat bei der Provinzialverwaltung und im Eisenbahndienste.
6. zur Markscheiderprüfung und Feldmesserprüfung.

Das Zeugnis über die Reife für Obersekunda berechtigt:
1. zur Anstellung bei Reichsbankanstalten.
2. zur Apothekerprüfung.
3. für die Zulassung auf der Königl. Allgemeinen Akademie der bildenden Künste.

Das Zeugnis über die Reife für Sekunda berechtigt:
1. zur Zulassung als Civilanwärter zum Vorbereitungsdienste für die Gerichtsschreiberprüfung.

2. zur Prüfung als Zeichenlehrer.
3. zum Besuch der Königl. Gärtner-Lehranstalt bei Berlin.
4. zur Anstellung als Postgehilfe.

II. Im Militärdienste.

Das Reifezeugnis
1. befreit vom Fähnrichsexamen.
2. befreit von der Eintrittsprüfung als Seekadett (Bedingung: „gut" in Mathematik.)

Der einjährige erfolgreiche Besuch der Prima berechtigt:
1. zur Meldung als Civilapplikant für das Sekretariat des Marineintendanturdienstes.
2. zur Zulassung zum Werft-Verwaltungs-Sekretariatsdienst.

Das Zeugnis für die Prima berechtigt:
1. zum Fähnrichsexamen.
2. zur Zulassung zum Sekretariat des Militärintendanturdienstes (doch muß vorher die Zahlmeisterprüfung bestanden werden.)
3. zur Zulassung auf die Königl. Militär-Roßarztschule zu Berlin.
4. zur Zulassung als Civilaspirant für den Militärmagazindienst.

Das Reifezeugnis für die Obersekunda berechtigt:
1. zur Zulassung als Seekadett, doch muß die Befähigung außer in Latein, Deutsch und Geschichte noch durch eine besondere Eintrittsprüfung dargethan werden.

Der erfolgreiche einjährige Besuch der Untersekunda berechtigt:
1. zum Eintritt als Einjährig-Freiwilliger.
2. Einjährig-Freiwillige zur Zahlmeister-Laufbahn.

Das neue Schuljahr beginnt Donnerstag, den 2. Mai, morgens um 8 Uhr. Die Aufnahmeprüfung der angemeldeten Schüler findet am Mittwoch, den 1. Mai, zwischen 9 und 12 Uhr im Konferenzzimmer des Realgymnasiums statt. Jeder aufzunehmende Schüler hat die Geburtsurkunde und den Impfschein (bezw. Wiederimpfschein) und, falls er von einer andern Anstalt kommt, das Abgangszeugnis vorzulegen.

Quakenbrück, im April 1889.

Dr. Winter, Direktor.

Alphabetisch geordnetes Verzeichnis
der
130 Schüler, welche im Schuljahre 1888/89 die Anstalt besucht haben.

Die mit einem Stern Bezeichneten sind im Laufe des Schuljahres abgegangen.

Prima.

1. Adolph, Karl, a. Gardelegen.
2. Brobtmann,* Franz, a. Hannover.
3. Dencker, Friedrich, a. Sulingen.
4. Eylmann,* Stephan, a. Krautsand.
5. Fastenrath, Friedrich, von hier.
6. Fischer, Hermann, a. Arneburg b. Stendal.
7. Fortmann,* Georg, a. Bremervörde.
8. Geßner,* Oskar, von hier.
9. Heye,* Karl, von hier.
10. Höverkamp,* Wilhelm, a. Babbergen.
11. Jährig, Hans, a. Gardelegen.
12. Meyer,* Theodor, von hier.
13. Meyer gen. Hary,* Karl, von hier.
14. Pophanken, Dietrich, a. Oldenburg.
15. Rehorst, Friedrich, a. Lengerich i. W.
16. Schnitger,* Heinrich, a. Oldenburg.
17. Schütze, Wilhelm, a. Gardelegen.
18. Schulze, Wilhelm, a. Gardelegen.
19. Sojath, Georg, a. Berne i. Oldenburg.

Ober-Sekunda.

1. Allmers, Robert, a. Varel.
2. Bode, Karl, a. Nethem.
3. Frederking, Eugen, a. Limburg a. L.
4. Frömbling, Eduard, von hier.
5. Henniger, Friedrich, a. Gr. Mimmelage.
6. Kahle, Hermann, a. Cloppenburg.
7. Melchers, Ludwig, a. Helmstedt.

Unter-Sekunda.

1. Ahlering, Johann, von hier.
2. Bartels, Karl, a. Bremen.
3. Buddenberg, Karl, a. Schüttorf.
4. Dencker, Johannes, a. Sulingen.
5. Fürste, August, a. Rüsfort.
6. Hegewisch, Wilhelm, von hier.
7. Hoffstall,* Wilhelm, a. Wehdel.
8. Iding, August, a. Itzenbüttel.
9. Kahle, Max, a. Cloppenburg.

10. Klönne,* Franz, a. Rüschendorf b. Damme.
11. Kotzenberg, Eduard, a. Bünde.
12. Kramer, Heinrich, a. Lechterke.
13. Meyer, August, a. Bramsche.
14. Meyerbirks, Hellmut, von hier.
15. Paull, Berthold, a. Melle.
16. Rübiger, Oskar, von hier.
17. Schlüter, Hermann, a. Melle.
18. Schröder, Herby, von hier.
19. Simon,* Siegfried, a. Westerkappeln.
20. Tag, Hippolyt, a. Babbergen.
21. Wiebols, Julius, a. Berge.

Ober-Tertia.

1. Barth, Otto, a. Bremen.
2. Bobemann, Ernst, a. Babbergen.
3. Bultmann, Henrich, a. Bremen.
4. Dinkgreve, August, a. Babbergen.
5. Dütsch, Hinno, a. Döverden b. Verden.
6. Elting, Heinrich, a. Verden.
7. Hamke, Hermann, a. Gr. Mimmelage.
8. Kogelberg,* Ernst, a. Bippen.
9. Leffmann, Rudolf, a. Varel.
10. Mengert, Hermann, a. Wulften.
11. Oldenhage, Gustav, a. Gr. Mimmelage.
12. Ortlaub, Wilhelm, a. Babbergen.
13. Penseler, Wilhelm, a. Hannover.
14. Thomann, Heinrich, a. Vehs.
15. Velmelage, Hermann, a. Nortrup.
16. Voigt, Christian, a. Gehrde.
17. Wesselmann, August, a. Langen.
18. Wehrkamp, Rudolf, a. Gehrde.
19. Wehrkamp, Hermann, a. Gehrde.

Unter-Tertia.

1. Ahting, Karl, a. Varel.

2. v. Arnswaldt, Wolff, a. Harbenbostel, Kr. Hoya.
3. Biermann, Georg, von hier.
4. Bremer, Franz, von hier.
5. Brackmann, Friedrich, von hier.
6. Brunnert, Friedrich, von hier.
7. Finke, Werner, a. Bersenbrück.
8. Heye, Hans, von hier.
9. Hugo, Karl, von hier.
10. Knopf, Georg, von hier.
11. Kraatz, Wilhelm, a. Schwarmstedt.
12. Linnemann, Johannes, von hier.
13. Pagenstecher, August, a. Osnabrück.
14. Rüpke,* Wilhelm, von hier.
15. Rürup, Gustav, a. Bünde.
16. Speth, Hermann, von hier.
17. Vorsanger,* Ferdinand, von hier.

Quarta.

1. Ascherbehl, Otto, a. Borg.
2. Batsche, Wilhelm, a. Babbergen.
3. Bergfeld, Gottfried, a. Bremen.
4. Bührmann, Bernhard, von hier.
5. Buddenberg, Heinrich, von hier.
6. Eschmann, Richard, a. Berlin.
7. Harting, Gerhard, von hier.
8. Hegewisch, Hermann, von hier.
9. Huntemann, Heinrich, a. Langen.
10. Karlem, August, von hier.
11. Kogelberg, Bernhard a. Bippen.
12. Mues, August, a. Steinburg b. Bramsche.
13. Radujch, Adolf, a. Cloppenburg.
14. Sickmann, Arnold, a. Langen.
15. Thiel, Heinrich, von hier.
16. Trull, Wilhelm, von hier.
17. Voge, Kurt, a. Alfeld.

Quinta.

1. Eilermann, Oskar, a. Broockstreek, Gem. Essen i. Old.
2. Falcke, August, von hier.
3. Fahrenhorst, Otto, von hier.
4. Ficker, Clemens, von hier.
5. Hagemann, Otto, aus Bärslugerhörn in Holland.
6. Hugo, Otto, von hier.
7. Hildenhagen, Paul, von hier.
8. Moritz, Bernhard, von hier.
9. Müller, Friedrich, von hier.
10. Nolte, Bernhard, a. Wildeshausen in Oldenburg.
11. Riemenschneider, Friedrich, von hier.
12. Sagemüller, Franz, a. Moorsee in Oldenburg.
13. Soth, Georg, a. Babbergen.
14. Stürtz, Theodor, von hier.
15. Thyarks,* Friedrich, a. Delmenhorst.
16. Wehmeyer, Heinrich, von hier.

Sexta.

1. Buddenberg, Heinrich, von hier.
2. Buddenberg, Adolf, von hier.
3. Bindel, Theodor, von hier.
4. Dittmann, Friedrich, a. Schlochter i. Old.
5. Falcke, Adolf, von hier.
6. Harling, Wilhelm, von hier.
7. Hilge, Hermann, a. Lechterke.
8. Hildebrand, Friedrich, von hier.
9. Hupe, Rudolf, a. Bremen.
10. Oldenhage, Heinrich, a. Gr. Mimmelage.
11. Sander, Heinrich, von hier.
12. Strahl, Robert, von hier.
13. Vogt, Theodor, a. Ostereffen i. Oldenburg.
14. Wiesemüller, Eduard, von hier.